Impresso no Brasil, abril de 2011

Eric Weil, *Hegel et l'État – Cinq Conférences suivies de Marx et la Philosophie du Droit*
© Librairie Philosophique J. Vrin, Paris, 1950; 2002.
http://www.vrin.fr

Os direitos desta edição pertencem a
É Realizações Editora, Livraria e Distribuidora Ltda.
Caixa Postal: 45321 · 04010 970 · São Paulo SP
Telefax: (11) 5572 5363
e@erealizacoes.com.br · www.erealizacoes.com.br

Editor
Edson Manoel de Oliveira Filho
Gerente editorial
Bete Abreu
Revisão técnica
Marcelo Perine
Revisão
Paulo Furstenau
Capa e projeto gráfico
Mauricio Nisi Gonçalves / Estúdio É
Pré-impressão e impressão
Prol Editora Gráfica

Reservados todos os direitos desta obra.
Proibida toda e qualquer reprodução desta edição
por qualquer meio ou forma, seja ela eletrônica ou mecânica,
fotocópia, gravação ou qualquer outro meio de reprodução,
sem permissão expressa do editor.

Coleção
FILOSOFIA
ATUAL

HEGEL E O ESTADO
CINCO CONFERÊNCIAS SEGUIDAS DE *MARX E A FILOSOFIA DO DIREITO*

ERIC WEIL

TRADUÇÃO
CARLOS NOUGUÉ

Realizações
Editora

Sumário

Prefácio 7

1. O Lugar Histórico da Filosofia Política de Hegel 13

2. Os Fundamentos Filosóficos da Política ... 29

3. O Estado como Realidade da Ideia Moral ... 51

4. A Constituição 65

5. O Caráter do Estado Moderno 85

Apêndice 123
    Marx e a Filosofia do Direito

Prefácio

O título deste trabalho é *Hegel e o Estado*. Mas este título não indica exatamente seus limites: trata-se, na verdade, de uma crítica à crítica tradicional segundo a qual Hegel seria um apologista do Estado prussiano e um profeta do que amiúde se chama *estatismo*. Essa crítica é válida? Para já não se ocupar de um filósofo, basta constatar que o Estado se encontra no centro de seu pensamento político? E, supondo que ela seja legítima, tal crítica se aplica a Hegel?

Decepcionar-se-á quem buscar nestas páginas uma análise completa da filosofia do Estado de Hegel. Tal empreendimento não teria êxito senão partindo da ontologia, da *onto-lógica* hegeliana, fundamento da compreensão de todas as partes do sistema. Nós nos impedimos de entrar nessa discussão e nessa interpretação imanentes da política de Hegel (a palavra *política* é tomada aqui em sentido aristotélico). No entanto, o leitor notará talvez certas alusões e nos concederá, ousamos esperá-lo, que tentamos levar em conta a unidade do pensamento do filósofo.

Nós renunciamos a toda crítica da literatura existente. Em alguns casos, remetemos a ela nas notas, mas nunca com a intenção de refutar ou corrigir em detalhe opiniões cujo detalhe não nos concerne aqui. O especialista verá facilmente os pontos de acordo e de desacordo e constatará, salvo engano nosso, que não estamos afastados da *communis opinio* senão com respeito à fé dos textos.

No que diz respeito a estes textos, só nos servimos dos que datam de depois da queda de Napoleão. Com poucas exceções, não falamos, pois, dos escritos de juventude nem da *Fenomenologia do Espírito*, fundando nossa interpretação na *Filosofia do Direito* e, secundariamente, na *Enciclopédia das Ciências Filosóficas*.

Os textos que não foram escritos pelo próprio Hegel, em particular as *Adições* à *Filosofia do Direito*, que os editores das *Obras Completas* extraíram dos cursos de seu mestre, as *Lições sobre a Filosofia da História* e as *Lições sobre a História da Filosofia*, não nos forneceram senão ilustrações e fórmulas, e isso somente quando um testemunho autêntico no-lo permitia.[1] Não falamos, pois, da formação do pensamento hegeliano, problema que foi tratado por Th. L. Haering e, anteriormente e melhor, por F. Rosenzweig[2] numa obra notável

---

[1] Entenda-se bem: não queremos afirmar que os textos dos diferentes cursos de Hegel sejam destituídos de valor para a interpretação de seu pensamento. Mas muito amiúde eles serviram de *ponto de partida* para as interpretações; e suas fórmulas, ao mesmo tempo mais brilhantes e menos precisas, fizeram então mais mal que bem. Não pode ter autoridade senão um texto cujo próprio autor fixou, após madura reflexão e após ter pesado seus termos exatamente de modo diverso de como o faria o melhor orador ao falar livremente (como era hábito de Hegel). Ali onde as *Lições* parecem contradizer os livros e os escritos, haverá que seguir estes, e, ali onde há acordo entre os dois, os primeiros não nos trarão nada de novo (a não ser com respeito às aplicações do sistema em determinados domínios da realidade): é pois ao mesmo tempo mais correto e mais simples ater-se aos textos publicados pelo próprio Hegel.

[2] Th. L. Haering, *Hegel, sein Wollen und sein Werk*, vol. I, Leipzig e Berlim, 1929; vol. II, Leipzig e Berlim, 1938. – Fr. Rosenzweig, *Hegel und der Staat*, 2 vols., Munique e Berlim, 1920. – Seria impossível enumerar todas as interpretações da filosofia política de Hegel: raros são os autores que tratam da história moderna, da teoria do Estado, dos movimentos políticos do século passado, que não lhe tenham consagrado ao menos algumas linhas. Os trabalhos mais importantes aparecidos antes de 1920 são mencionados em Rosenzweig; bibliografias mais recentes foram dadas por Henri Niel, *De la Médiation dans la Philosophie de Hegel*, Paris, 1945, e por Jean Hippolyte, *Genèse et Structure de la Phénoménologie de l'Esprit de Hegel*, Paris, 1947; bibliografias das obras em língua inglesa encontram-se em G. H. Sabine, *A History of Political Theory*, Londres, 1948, e (mais completamente) em W. M. McGoverns, *From Luther to Hitler*, Londres, s. d. (1947?). Na França, a discussão não parece ter feito verdadeiro progresso desde que E. Vermeil resumiu e criticou as teses opostas

pela penetração, cujo autor apresenta provas com respeito a todos os pontos particulares, mas que nos parece equivocado em sua concepção de conjunto.

Consideramos útil acrescentar um breve apêndice sobre *Marx e a Filosofia do Direito*.

***

Numa época que prefere a paixão ao pensamento – por razões que Hegel indicou com precisão –, será permitido ao autor fazer uma simples observação sobre o objetivo do presente trabalho. Ele sabe muito bem que Hegel não tem necessidade de defensores: se sua teoria é justa, a realidade mesma se encarregará da justificá-la. Quanto a querer torná-la "acessível", isso tampouco teria muito sentido: não se vulgariza um livro científico; pode-se facilitar sua leitura por meio de um comentário ordenado e detalhado (o que não seria o caso aqui), mas não se lhe traduzirá o texto numa linguagem mais "clara" e mais sucinta. Ao contrário, uma obra filosófica escrita de maneira a admitir tal tradução não mereceria ser empreendida, dado que num texto filosófico cada frase deve ter para a compreensão do todo tanta importância quanto cada fórmula num tratado de matemática, e que não se transcreve *claramente* nem se reduz à metade para maior comodidade dos leitores. Um trabalho da espécie do nosso só pode ter uma pretensão: despertar o interesse pelo próprio texto e afastar os obstáculos à compreensão que se acumularam no decorrer do tempo.

O autor não ignora que esta tentativa provocará uma reação unânime, se é que é capaz de provocar alguma: ele cometeu um crime. Os considerandos desse julgamento serão muito diferentes; dir-se-á que esta interpretação (ou contrainterpretação) é uma apologia da ditadura de esquerda, da ditadura de direita, do liberalismo, do moralismo, do indiferentismo, do dogmatismo, etc.; não se estará de acordo senão quanto à

---

de Andler e Basch em *La Pensée Politique de Hegel*, in *Études sur Hegel*, Paris, 1931, p. 165-234.

condenação dela. O autor não requererá a absolvição, não por ele não considerar que tem direito a ela, mas porque considera demasiado tênues as possibilidades de obtê-la. Ele só se reserva o direito (de que, para mais segurança, ele faz uso imediatamente) de observar que ele apresenta uma tese *científica* que versa sobre um livro *científico*, que o que ele diz (e o que, segundo ele, disse Hegel) é *verdadeiro* ou *falso*, e que ele não pode deter-se em considerações de conveniência. Ora, a ciência, toda e qualquer ciência, e sobretudo a filosofia, que não é uma das ciências senão por ser ciência *eminenter*, mais que qualquer ciência particular, e que dá a todo interesse científico particular seu caráter de ciência (ainda que este interesse particular nada saiba dela), a ciência não diz: faça isto ou faça aquilo; ela diz: *se* você quer isto, deve fazer aquilo ou se adequar àquilo; se você optar por tal atitude, ela exigirá de você tal reação diante de tal dificuldade. Ela não diz o que se deve escolher, sendo suficientemente liberal para admitir a possibilidade de uma escolha que comporte a destruição da própria ciência – caso em que o homem de ciência, tendo optado em sua vida pela ciência, acrescentará de sua parte e a título pessoal que ele se opõe à atitude em questão: a própria ciência, conquanto sirva a todo o mundo, recusa tal serviço se se exige dela um serviço exclusivo.

 Falar do Estado *em si mesmo*, da História *em si mesma*, da sociedade *em si mesma*, tal não se faz para dar satisfação aos fazedores de "sistemas" (que têm por traço destacado sua incoerência). E, no entanto, é talvez a tarefa mais altamente política: pode ser que a razão não possa nada sem a paixão; mas será sempre útil (para não dizer indispensável, o que seria falso, porque não raro o dispensam com muito prazer) perguntar-se quais são as relações entre a paixão e a razão, questão que é, ela mesma, do domínio da razão. Pode ser que Hegel não tenha tido razão; pode ser (e isto parece mais provável ao autor) que sua tese não possa ser refutada, conquanto possa ser ultrapassada, ou seja, mantida em toda a sua extensão, mas alargada e levada mais longe: 130 anos de uma história bastante movimentada terminaram por apresentar problemas que era impossível formular antecipadamente, ao menos de forma concreta. Como quer que seja, não se trata de tomar posição, mas de discutir o fundamento racional de uma tomada de posição, de toda e qualquer tomada de posição consciente, responsável, coerente – em uma palavra, verdadeiramente política.

1. O Lugar Histórico da Filosofia Política de Hegel

Apesar de toda uma série de bons livros aparecidos ao longo dos últimos trinta anos, tanto na Alemanha como na França, Hegel é de todos os grandes filósofos o menos conhecido, ou, ao menos, o mais mal conhecido. Isso não impede, de modo algum, que certa imagem dele se tenha estabelecido solidamente, um desses retratos que deixam atrás de si os grandes pensadores – historicamente grandes justamente porque deixaram tais retratos, que agem muito mais à maneira de um ideal muito mais que à maneira de um conceito. Assim como Platão é o inventor das ideias e do gênero de amor que toma seu nome, assim como Aristóteles é o homem da lógica formal e da biologia, e Descartes é o herói da clareza, e Kant é o rigorista, Hegel é o homem para o qual o Estado é tudo, o indivíduo nada, a moral uma forma subordinada da vida do espírito: em uma palavra, ele é o apologista do Estado prussiano.

Certamente, sabe-se que Hegel se voltou para outros problemas, que ele foi, como se diz, panlogista, que ele elaborou uma filosofia da natureza declarada romântica e de todo incompreensível, pior que isso, não científica, que ele deu cursos sobre a filosofia da religião, sobre a estética, sobre a história; sabe-se ainda que seus livros exerceram uma influência amiúde decisiva, seja diretamente, seja fixando o pensamento de autores que se caracterizam por sua oposição às soluções hegelianas, mantendo com respeito aos problemas, porém, quase inconscientemente, a forma que Hegel lhes dera; poder-se-ia dizer que, para combater as ideias de Hegel, seus adversários se servem ainda de suas categorias. Mas isso são lembranças da história da filosofia: a medalha que circula entre o grande público (que, ao fim e ao cabo, termina por ser o público *tout court*) é cunhada com os traços do prussiano, do reacionário, do inimigo inconciliável dos *liberais*, do homem mais criticável, mais detestável para todos os que constituem no século XIX a "esquerda". Seria uma temeridade querer corrigir tal imagem.

Sem dúvida, é fácil citar fatos para justificar tal tentativa. Hegel, por exemplo, foi um dos censores mais duros da Prússia no momento em que, no fim de sua juventude, ele se volta para os problemas políticos, abandonando o domínio da teologia, que tinha sido o seu anteriormente.[1] Concluir-se-á que a

---

[1] É Fichte quem, em certo momento de sua carreira, teria direito, muito mais que Hegel, ao título de filósofo do Estado prussiano, se se pensa no Estado policial, feito de regulamentos, dominado por uma autoridade central e absoluta. Hegel escarnece de tal regulamentação de todos os detalhes da vida, desde o artigo sobre "A Diferença entre o Sistema de Fichte e o de Schelling" (1801), ed. Lasson, p. 64 ss e p. 67, nota, até a *Filosofia do Direito* (abr.: *PhD*), prefácio, p. 14 ss, ed. Lasson, 3ª ed. O texto da *Constituição* prova que o pensamento, e não apenas o gosto, de Hegel recusa o Estado da autocracia frederiquiana e pós-frederiquiana (*La Constitution de l'Allemagne*, ed. Lasson, 2ª ed., p. 31): "É infinita a diferença entre um poder estatal (*Staatsgewalt*) de tal modo arranjado, que tudo aquilo com que ele pode contar se encontra em suas mãos e, em contrapartida, justamente por causa disso, não pode contar com nada além disso, e (um poder estatal) que, além do que tem nas mãos, pode ainda contar com a livre adesão, com o orgulho (*Selbstgefühl*) e o próprio esforço do povo, num espírito onipotente e invencível que esta hierarquia expulsou e que só é vivo ali onde o poder supremo deixa o máximo possível (os negócios, os assuntos) à própria iniciativa (*Besorgung*) dos cidadãos. Apreender-se-á apenas no futuro como, em tal Estado moderno onde tudo é regulado do alto, onde nada que possua um lado universal é entregue à administração e à execução pelas partes do povo que nele estão interessadas – tal é a forma que se deu a República francesa – (como em tal Estado) se engendrará uma vida seca e tediosa (lit.: de couro) e sem espírito, se esse tom pedantesco do governo pode manter-se; ora, que gênero de vida e que secura dominam em outro Estado, regulado da mesma maneira, no Estado prussiano, isso impressiona cada um, assim que ele entre no primeiro povoado deste Estado, ou aquele que veja aí a falta total de gênio científico e artístico, ou aquele que não considere a força (prussiana) segundo a energia efêmera à qual um gênio isolado a soube forçar por certo

Prússia que ele tinha então em vista não era a Prússia que, depois, ele citou como exemplo,² ao passo que é a primeira a fornecer a imagem popular deste Estado. Acrescentar-se-á que a Prússia histórica, a de Frederico Guilherme IV, a dos Guilhermes, a que foi o centro do III Reich, não tinha o sentimento de dever muito ao filósofo: ao contrário, morto este, o governo real fez tudo o que podia para acabar com sua influência, chamando o velho Schelling a Berlim, excluindo os hegelianos das cátedras; e que, em suma, Hegel a partir da Revolução de julho de 1830, teve enorme influência no mundo inteiro – menos na Prússia: inferir-se-á disso que a Prússia real não se reconhece no pretenso retrato traçado por Hegel, que este o terá pintado mal, ou que ele o terá pintado muitíssimo bem.³

---

tempo." – O texto deste artigo não recebeu a forma definitiva; mas está-se de acordo em fixar a data de sua escrita entre 1798 e 1802.

² Ver os textos que serão referidos a seguir.

³ Demasiado bem pintado, de modo a agradar ao romantismo de Frederico Guilherme IV, admirador das teorias de C. L. Von Haller (ver mais adiante) e nada admirador de que se insistisse no caráter (em princípio) constitucional da Prússia pós-napoleônica. Mal pintado, porém, porque uma série de traços e de instituições que, para Hegel, são essenciais nunca existiram na Prússia, ou só existiram nas partes incorporadas após 1815. Aqui, onde não se trata de história, basta citar três exemplos: *a*) Toda a construção do Estado hegeliano se funda e se centra no parlamento (os *estados* = *Stände*, no sentido em que o termo *estados* tinha em 1789, embora não se tratasse para Hegel dos mesmos estados); ora, não há parlamento na Prússia, não existem senão estados provinciais, e a primeira reunião como "dieta" prussiana desses estados só teve lugar em 1847. É mais que justo observar que Hegel dá provas de coragem em seu ensinamento; pois Frederico Guilherme, que prometera, por despacho de gabinete de 22 de maio de 1815, a formação de uma "representação do povo", não via bem que o lembrassem de sua palavra: em 21 de março de 1818, ele responde às autoridades provinciais e comunais renanas que tinham ousado pedir uma constituição: "Nem o edito de 22 de maio de 1815 nem o artigo 13 da ata da Confederação fixam o momento em que a constituição para estados deve ser introduzida. Nem todo momento é bom para introduzir uma mudança na constituição do Estado. Aquele que lembra o soberano das promessas que ele fez de sua própria decisão, inteiramente livre, duvida de modo ímpio e criminoso do caráter da promessa do príncipe e usurpa do julgamento daquele o que concerne ao momento conveniente para a introdução dessa constituição". *b*) A publicidade dos debates parlamentares não era admitida nas províncias que tinham conservado estados. Mas, segundo Hegel, essa publicidade é importante para o controle da administração e para a formação da opinião pública. *c*) A velha Prússia não conhece a instituição do júri, a única, segundo Hegel, que dá satisfação à consciência-de-si do cidadão, que exige ser julgado por seus pares e não por uma corporação que lhe é estranha. De resto, o leitor da *PhD*,

Tudo isso contradiz a tradição difusa do filósofo da Restauração. E, no entanto, nada disso é suficiente para demolir a imagem de que falei e que, falando francamente, me parece falsa. Pois, se tais objeções são importantes, se a admiração hegeliana pela Prússia não pode ter sido sentimental e irrefletida, haja vista a atitude crítica de seus inícios, se ela não pode ter sido total, haja vista a reação do Estado prussiano, não é menos verdade que a essas observações se opõem outras de peso ao menos igual: Hegel falou da forma do Estado prussiano como da forma perfeita do Estado, afirmou que o espírito germano-cristão domina o presente, criticou o projeto inglês de reforma parlamentar em 1830, opondo-lhe o estado de coisas tal como tinha sido causado pelo governo de Berlim.[4] Aí estão fatos, e fatos tanto mais expressivos porque expressos pela boca de Hegel. Hegel admirou ao menos o princípio do Estado prussiano, e disso não se pode duvidar. Resta perguntar o que significa tal admiração.

***

Lendo o que foi escrito sobre Hegel durante a segunda metade do século XIX, só encontrei um texto, não propriamente um texto, alguns fragmentos de cartas em que ele se defende da censura clássica, a de ser o filósofo da reação.[5] Quanto ao

---

sem procurar nas obras especiais, tem apenas de percorrer o capítulo dedicado à Prússia por Ch. Seignobos em sua *História Política da Europa Contemporânea* para ver quão pouco o que Hegel chama de Estado moderno corresponde à Prússia histórica dos anos 1815-1820.

[4] Ver mais adiante as referências.

[5] Para sermos exatos, devemos citar ainda apologias como a de Rosenkranz (*Apologie Hegels gegen Dr. R. Haym*), publicada em 1858. Mas, além de o escrito, apesar de um bom número de observações justas e pertinentes, ser fraco, seu autor (como E. Gans) pertence à escola hegeliana que muito rapidamente foi obrigada a ficar na defensiva e já não teve influência a partir da metade do século XIX. – A história da escola hegeliana ainda está por escrever; o melhor resumo encontra-se em Johann Eduard Erdmann, *Grundriss der Geschichte der Philosophie* (3ª ed. – a quarta, feita por *Benno* Erdmann, é inutilizável –, Berlim, 1878, § 331 ss). Como a tradição grã-alemã do século atual julga Hegel aparece claramente na apologia de sua filosofia feita por Friedrich Meinecke (o mestre de Rosenzweig): "Pensadores conservadores, liberais e radicais, históricos e doutrinários, nacionais e cosmopolitas podiam recorrer à escola desse sistema... Ele (i.e., Hegel) ocupa o primeiro lugar entre os grandes pensadores

mais, todo o mundo está de acordo: olhemos o velho liberal que é Haym[6] – sem falar de espíritos de menor estatura, mas de não menos influência, como Welcker ou Rotteck, líderes do Partido Constitucional da Grande Alemanha –, olhemos a extrema esquerda com os Bauer e seu grupo: seu veredicto é unânime.[7] Voltemo-nos para a direita, para Schelling, para os herdeiros do romantismo, para a escola histórica de Savigny; se para eles Hegel não está do seu lado,[8] é porque ele não acompanhou o tempo – pois a "direita" sempre é composta de pessoas que creem ter enfim compreendido a verdade eterna –, é porque ele não captou as aspirações de uma época renovada, purificada dos miasmas do século XVIII: ainda para eles, Hegel é um retardatário.

Um só texto, portanto, é exceção. Eis do que se trata: alguém publicou um artigo em que se fala de Hegel; o artigo aparece num jornal e, por estarmos em 1870 e Hegel estar esquecido na Alemanha, o editor julga por bem mandar acrescentar uma nota para dizer que Hegel é conhecido do grande público como aquele que descobriu e glorificou a ideia "real-prussiana" de Estado. Depois disso, o autor do artigo se aborrece e escreve a um amigo comum:

---

do século XIX que difundiram em geral o senso do Estado (*Staatsgesinnung*), a convicção da necessidade, da grandeza e da dignidade moral do Estado" (*Weltbürgertum und Nationalstaat*, 2ª ed., Munique e Berlim, 1911, p. 272). Em outras palavras, Hegel não é antiprussiano como se diz, embora seja ainda universalista (expressa-o Meinecke, *loc. cit.*, p. 278 s). O nacionalista Meinecke está de acordo com o liberal Haym.

[6] Entre os adversários de Hegel, Rudolf Haym é de longe o mais importante, tanto pela qualidade de seu livro como pela influência deste. *Hegel und seine Zeit* foi escrito sob a impressão da política reacionária que se seguiu ao fracasso da Revolução de 1848. Uma segunda edição (Leipzig, 1927), aos cuidados de H. Rosenberg, contém num apêndice úteis indicações sobre a evolução de Haym e sobre a história do hegelianismo.

[7] Mas cf. mais acima, n. 7. – Para a crítica do jovem Marx, ver o Apêndice no fim deste livro.

[8] Numerosas informações (sem nenhuma compreensão dos problemas filosóficos subjacentes) em M. Lenz, *Geschichte der Universitaet Berlin*, Halle, 1910-1918, três tomos de quatro volumes. Seguir-se-á facilmente aí a evolução da política ministerial e da opinião universitária.

"Esse animal se permite imprimir notas de rodapé a meu artigo sem nenhuma indicação de autor, notas que são puras inépcias. Eu já havia protestado, mas no presente a estupidez corre tão espessa, que isso não pode mais continuar... Esse animal que, durante anos, esteve a cavalo na ridícula oposição entre direito e poder sem com ela poder fazer nada, como um soldado de infantaria que se pôs sobre um cavalo chucro e se meteu no picadeiro, este ignorante teve o atrevimento de querer liquidar um sujeito como Hegel com a palavra 'prussiano'... Estou farto disso... É preferível não ser impresso a ser apresentado... como um asno." – Ao que o correspondente responde também por carta: "Eu lhe escrevi que ele faria melhor se calasse a boca em vez de repetir velhas asneiras de Rotteck e de Welcker... O sujeito é verdadeiramente uma besta".[9] O pobre editor é Wilhelm Liebknecht, um dos líderes

---

[9] Engels, 8 de maio de 1870; Marx, 10 de maio de 1870 (cartas nºs 1.369 e 1.370, ed. Moscou, vol. IV, 1939, p. 38 ss). – Eis o texto, cuja tradução (edulcorada) oferece apenas um extrato:
"*Mit Monsieur Wilhelm ist es nicht zum Aushalten. Du wirst gesehen haben, wie 'durch Abwesenheit des Setzers' (der also der eigentliche Redakteur ist) der Bauernkrieg in einem Durcheinander gedruckt wird, das Grandperret nicht besser machen könnte, und dabei untersteht sich das Vieh, mir Randglossen ohne jede Angabe des Verfassers drunter zu setzen, die reiner Blödsinn sind, und die* Jedermann mir zuschreiben muss. *Ich habe es mir schon einmal verbeten und er tat piktert, jetzt kommt der Blödsinn aber so dick, dass es nicht länger geht. Der Mensch glossiert ad vocem Hegel: dem grössern Publikum bekannt als Entdeker (!) und Verherrlicher (!!) der königlich preussischen* Staatsidee *(!!!). Ich habe ihm hierauf nun gehörig gedient und ihm eine, unter den Umständen möglichst milde Erklärung zum Abdruck zugeschickt. Dieses Vieh, das Jahrelang auf dem lächerlichen Gegensatz von Recht und Macht hülflos herumgeritten wie ein Infanterist, den man auf ein kolleriges Pferd gesetzt und in der Reitbahn eingeschlossen hat – dieser Ignorant hat die Unverschämtheit, einen Kerl wie Hegel mit dem Wort: 'Preuss' abfertigen zu wollen und dabei dem Publikum weiszumachen,* ich hätte das gesagt. Ich bin das Ding jetzt: satt. Wenn W. meine Erklärung nicht druckt, so wende ich mich an seine Vorgesetzten, den 'Ausschuss', und wenn die auch Manöver machen, so verbiete ich den Weiterdruck. Lieber gar nicht gedruckt, als von Wilh. Dadurch zum Esel proklamiert" (nº 1369). – "Ich hatte ihm geschrieben, wenn er über Hegel nur den alten. Rotteck-Welckerschen Dreck zu wiederholen wisse, so solle er doch lieber das Maul halten. Das nennt er den Hegel 'etwas unzeremoniöser übers Knie brechen etc.' und, wenn er Eseleien unter Engels Aufsätze schreibt, so 'Engels kann ja (!) Ausführlicheres (!!) sagen'. Der Mensch ist wirklich zu dumm" (nº 1370).
O interesse desse texto é duplo. Por um lado, ele mostra a diferença entre os fundadores do marxismo e seus sucessores: Liebknecht prevaleceu sobre Marx e Engels, e no presente os "revolucionários" estão de acordo com os "reacionários" em ver em Hegel o apologista do Estado prussiano. Ainda a última obra

da social-democracia alemã, o autor da primeira carta é Engels, e a resposta é de Marx.

Isto é surpreendente: Marx e Engels não querem admitir que Hegel tenha glorificado a ideia "real-prussiana" de Estado, Marx e Engels chamam de animal aquele que coloca Hegel entre os reacionários – aí estão dois defensores da reputação política de Hegel que passam tradicionalmente por seus críticos mais severos. Como explicá-lo?

É evidente que uma opinião, ainda que emitida por dois tão bons conhecedores de Hegel como eram Marx e Engels, não implica autoridade. No entanto, ela serve para confirmar nossa suspeita: com efeito, nada seria mais natural que ver retomados os reproches de conformismo, de prussianismo, de conservadorismo pretendem ser os pensadores da revolução. Se os que afirmam ter ultrapassado Hegel desdenham servir-se de tal reproche, como não nos proporíamos a questão de saber se ele pode ser mantido? Ora, se ela não pode ser dita evidente, a imagem tradicional de Hegel não será equivocada em certos detalhes: qualquer correção será impossível, e será preciso substituí-la por outra.

Para isso, só pode haver um procedimento legítimo: olhemos os textos, tentemos compreender o que Hegel disse, o que ele quis dizer, e comparemos os resultados desta investigação com a crítica clássica. Se nossa suspeita se confirmar,

---

da escola, G. Lukács, *Der junge Hegel – Ueber die Beziehungen Von Dialektik und Oekonomie* (Zurique e Viena, 1948), afirma que Hegel, sendo idealista, não podia deixar de reconciliar-se com a má realidade de sua época. É verdade que o autor não passa em suas análises da *Fenomenologia do Espírito* e não se julga obrigado a provar pela interpretação dos textos o que antecipa de maneira dedutiva. – Por outro lado, o texto permite compreender as razões da tão curiosa aliança entre "liberais" e "nacionalistas" alemães: uns defendem a sociedade contra o Estado e os outros o Estado contra a sociedade, recusando-se ambos a pensar a sociedade no Estado, enquanto Marx e Engels, que se põem precisamente o problema da unidade dos dois, reconhecem a autenticidade filosófica da análise hegeliana e protestam contra a tentativa de depreciá-la a partir de uma posição dogmática e com a ajuda de julgamentos de valor de ordem política. – Para a diferença entre Hegel e Marx, cf. o nosso Apêndice.

esta tradição se explicará por si mesma como um acidente filosófico (se não como acidente *tout court*).

Desde já se pode indicar uma das razões deste acidente: Hegel não é um autor fácil. Não é, certamente, que lhe falte precisão e clareza; mas a precisão e a clareza em matéria de filosofia têm o inconveniente de prejudicar a elegância do estilo e a facilidade da leitura. Hegel é claro, não *ainda que*, mas *porque* exige de seu leitor um grande esforço de colaboração.

Acrescenta-se a isso outro traço: os filósofos – é por isto que são filósofos e não homens de ação – evitam tomar posição nas questões políticas em razão (paradoxal apenas em aparência) de tentarem compreender *a* política. Hegel, não mais que Platão ou Aristóteles, não toma posição nas questões atuais, e, assim como sua *Filosofia da Religião* foi invocada tanto pelos ortodoxos quanto pelos deístas e pelos ateus, assim também sua teoria política foi atacada (e algumas vezes aprovada) por homens de todas as opiniões – justamente porque, para ele, não se trata de opiniões, mas de teoria e de ciência.

Em último lugar (nós o mencionamos, para não mais voltar a isto, porque de modo algum esta dificuldade intervém nas questões essenciais), Hegel nem sempre foi mais corajoso que a maior parte dos homens de sua época e de todas as épocas: ele às vezes se acomodou às condições existentes (por exemplo, na questão dos morgadios, que ele reprova em princípio mas admite por razões de "alta política"), nem sempre insistiu nos pontos que lhe teriam trazido problemas (ou coisa pior) da parte do *Ministério dos Cultos*, preferiu indicar o que tinha para dizer com certa discrição, demonstrando um grande otimismo, aliás justificado, no que concerne à capacidade dos leitores contemporâneos de não juntar dois textos que não se encontram na mesma página, de não tirar conclusões cujas premissas estão todas dadas junto com o método necessário para concluir. Pode-se reprovar-lhe isto: ele ficou em seu canto, não quis expor-se a dissabores. Quem não tiver pecado que atire a primeira pedra. Mas Hegel não parece ter abandonado nunca a menor parcela do essencial de sua teoria.

***

Será útil recordar os acontecimentos que determinaram a história da Prússia no início do século XIX, na época que, para Hegel, era o presente.[10]

História extraordinariamente movimentada: se a Revolução não produz nenhum efeito imediato em Berlim (conquanto seja falso pretender que todos os meios tenham sido hostis ou frios), as guerras napoleônicas tiveram ali repercussões mais profundas do que em qualquer outra das grandes capitais. O Estado prussiano de Frederico II, monarquia tão absoluta quanto o Império Russo, e talvez de fato mais centralizada, rui em Jena, e rui ainda mais rapidamente porque seu princípio tinha sido desenvolvido com uma pureza maior. No espaço de quatro anos, a Prússia se transforma: a propriedade da terra se torna alienável (exceto os morgadios), os camponeses são liberados, as corveias suprimidas em quase todos os lugares, as cidades recebem autonomia administrativa, as dietas provinciais são refeitas e reformadas, a maior parte dos direitos da nobreza é abolida, a ciência se emancipa do controle imediato do Estado, o exército de ofício é transformado em exército popular. Em suma, quase todas as conquistas da Revolução são concedidas ao povo da Prússia. Mas não – e isto é da mais alta importância – porque o povo tenha exigido tais direitos, e sim porque o governo reconhece claramente que só uma reforma profunda pode fornecer o meio de dar forças ao Estado, de preparar eficazmente a nova guerra, de provocar o despertar nacional sem o qual a luta contra Napoleão não teria a menor possibilidade de êxito.[11]

---

[10] Cf., para o que se segue, Seignobos, *loc. cit.*

[11] Não se poderia insistir demasiado neste único fato que explica a confiança de Hegel no funcionário e seu conhecimento dos negócios e dos problemas de Estado. Mas esse não é, entenda-se bem, senão um fator biográfico que explica sem justificar. – Para a análise de um caso de oposição entre governo "ilustrado" e "dieta" retardatária, cf. *Verhandlungen in der Versammlung der Landstände des Königreichs Württemberg* (1817, *Obras*, ed. Lasson, vol. VII, p. 157-280).

É natural que, após a vitória dos aliados, uma parte de tais reformas tenha sido, se não ab-rogada, ao menos aplicada com hesitações; as classes privilegiadas do *Ancien Régime*, mais retardando a execução do programa do que voltando atrás, retomam algumas de suas antigas prerrogativas e muito de sua influência social, uma vez que a pressão externa deixou de propiciar a unidade interna. No entanto, se o medo da revolução ainda assalta os espíritos (para dizer a verdade, após um acesso de febre reacionária, consecutiva às revoluções da Itália e da Espanha, ao assassinato do duque de Berry e de Kotzebue,[12] a política contrarrevolucionária só se instala após a revolução de 1830), se certa política "autoritária" e "legitimista" impõe suas ideias, antes nos detalhes que nos princípios, é preciso acrescentar que, comparada à França da Restauração ou à Inglaterra de antes da Reforma de 1832 e à Áustria de Metternich, a Prússia é um Estado avançado. Na França, a reforma de 1830 eleva o número de eleitores a 200.000 em todo o país; em Paris, o número era de 1.850 sob Carlos X. A Prússia não era, certamente, um Estado democrático no sentido moderno, com suas dietas provinciais, consultivas, eleitas;[13] era tanto e, em certo sentido, mais que, por exemplo, a Grã-Bretanha, onde, na mesma época, seria falso falar de um parlamento representativo do povo, e até de um parlamento eleito (a supressão dos *burgos podres*, em 1832, fará passar a proporção entre o número de eleitores e o da população total apenas de 1/32 para 1/22): o parlamento britânico da época de Hegel, é verdade, decide, mas não é o povo que decide a composição desse parlamento. E a superioridade da Prússia parece indiscutível no plano administrativo, pois só as reformas iniciadas em 1832 darão à Grã-Bretanha –

---

[12] Cf., no que concerne às dificuldades surgidas entre a Universidade de Berlim e o Ministério após o *affaire* Kotzebue-Sand e para a atitude de Hegel, Lenz, *loc. cit.*

[13] Não é destituído de interesse lembrar que só dois anos após o aparecimento da *PhD* que Frederico Guilherme III introduz as dietas provinciais como única representação do povo: em 1821, o projeto de Hardenberg prevê ainda um parlamento nacional, e não está excluído que Hegel tenha desejado intervir com seu livro em favor deste modo de representação.

e ainda muito lentamente – um direito, um sistema administrativo local e nacional que não estejam inteiramente nas mãos das corporações e das *grandes famílias*, ao passo que a Prússia mantém em suas províncias ocidentais praticamente todas as instituições do Império Napoleônico e empreende a modernização de suas outras possessões.

É na primeira universidade desta Prússia renovada que Hegel ensina a partir de 1818. Ele toma posse de sua cadeira com uma aula inaugural que constitui uma primeira homenagem ao Estado que acaba de chamá-lo.[14] Ele pensa que o momento é favorável à filosofia: o Espírito, demasiado ocupado com o exterior na época precedente, pode agora voltar a seu próprio domínio. A liberdade foi salva, e nesta luta o Espírito se elevou acima das opiniões particulares e dos interesses para alcançar a seriedade que permite à filosofia viver e avançar e que a protege do agnosticismo, apresente-se este sob as espécies do historicismo, do sentimentalismo ou da reflexão crítica cara aos kantianos. E, se o momento é favorável, o lugar o é igualmente: Hegel fala na capital da Prússia, de um Estado que acaba de se igualar aos Estados mais ricos e maiores. Ela adquiriu todo o seu peso na realidade e na política com a ajuda do Espírito: é na Prússia que o progresso das ciências constitui um dos momentos essenciais da vida do Estado. A Prússia é o Estado do Espírito.

Esse não é o único lugar em que Hegel fala da Prússia nomeando-a; mais tais lugares são infinitamente menos numerosos do que se seria levado crer escutando a tradição.

Já mencionamos a crítica do jovem Hegel. Outros textos datam da época berlinense. Nas *Lições sobre a Filosofia da História* – uma dessas compilações devidas à piedade dos

---

[14] O texto encontra-se, na edição Lasson, no início da *Enciclopédia* (2ª ed., p. LXXII ss).

discípulos de Hegel, e portanto sem a autoridade das obras publicadas por ele mesmo –, a Prússia aparece como representante da nova Igreja, a Igreja luterana, cujo traço essencial é não conhecer mais a separação entre o sagrado e o profano; é para esta Prússia que se voltou e se voltará ainda o olhar da liberdade.[15]

Uma alusão, enfim, à Prússia se encontra no célebre artigo sobre o *Bill de Reforma Inglesa de 1830*,[16] uma alusão somente, pois o nome da Prússia não aparece ali. Pode-se discutir sobre o objetivo que Hegel perseguia ao escrever este artigo: quis ele advertir os ingleses do perigo que correriam se procedessem a reformas? Isso é pouco provável, dado que desde sempre o caráter semifeudal da velha Inglaterra pareceu pouco satisfatório a Hegel. Teria querido dizer que paliativos eram insuficientes no ponto a que se tinha chegado? Talvez. Ou teria querido fazer uma advertência ao governo prussiano criticando a política de um país estrangeiro, exigindo, de forma indireta, o acabamento de reformas e de transformações que tinham começado após Jena, mas que se paralisavam cada vez mais? A história da política interna de Frederico Guilherme III, com suas hesitações, suas meias medidas, suas iniciativas sempre abortadas, fossem progressistas ou reacionárias, falaria em favor desta última hipótese, que poderia encontrar uma espécie de confirmação na proibição real à publicação da terceira parte do artigo, sob pretexto de que não era conveniente intervir nas questões internas de outro Estado. Seja qual for, porém, a opinião que se prefira, a crítica à constituição inglesa contida neste artigo permite conclusões sobre o que Hegel julgava encontrar na Prússia.

A Inglaterra está historicamente atrasada, diz-ele, porque nela a propriedade não é livre, porque o Estado não

---

[15] Ed. Lasson, p. 907. V. *ibid.* qual é para Hegel o papel da Alemanha: "Espiritual segundo sua destinação, a Alemanha não soube dar-se unidade política. Nas suas relações com o exterior, a Alemanha é uma nulidade". A liberdade em Hegel não é compreendida à maneira dos "nacionais".

[16] Ed. Lasson, no vol. *Schriften zur Politik und Rechtsphilosophie*, 2ª ed., p. 285 ss.

desenvolveu um quadro de funcionários profissionais, porque o direito não está codificado, mas permanece como segredo e como propriedade de uma corporação, porque a Coroa é demasiado fraca para permitir a transformação necessária das instituições sem choques nem violência.[17] No continente, declara Hegel, realizou-se há muito tempo o que os ingleses buscam às cegas: em outras palavras, a Prússia é para ele o modelo da liberdade realizada, ao menos quanto aos princípios, o Estado do pensamento, da livre propriedade, da administração que só depende da lei, o Estado de direito. Em 1830 como em 1818, Hegel considera pois a Prússia como o Estado moderno por excelência (o que parece exato do ponto de vista do historiador), e a vê assim porque a vê fundada na liberdade.

Por conseguinte, nossa questão se apresenta sob outra forma e com mais urgência ainda: como Hegel *pôde* ver a Prússia por este ângulo? Como *pôde* opor-se a todas as aspirações do "liberalismo", do nacionalismo, da democracia, a toda essa ideologia de esquerda do século XIX que, em grande medida, constitui ainda a ideologia de nossos dias e um dos fundamentos de todas as propagandas? E não é ainda ficar aquém dos fatos dizer apenas que ele se opôs a ela? Não chamou o Estado, a polícia à ação contra os movimentos revolucionários? Não denunciou ele os ideólogos que, a seu ver, envenenavam o espírito da juventude? Não incitou ele os ministros contra as doutrinas filosóficas, teológicas, políticas que lhe pareciam pôr em perigo o Estado tal como ele era?[18]

---

[17] É curioso constatar que a crítica hegeliana, que permanece desconhecida na Inglaterra, toca todos os pontos em que se basearam as reformas realizadas no decorrer do século XIX – salvo no que concerne ao reforço da influência real (em lugar do rei, é o primeiro-ministro quem *decide*, no sentido hegeliano). Cf. Elie Halévy, *Histoire du Peuple Anglais au XIXe Siècle*, vol. III, ou, entre as numerosas histórias da constituição inglesa, o manual muito cômodo de Taswell-Langmead, *English Constitutional History*, 10ª ed., revisada por Th. Plucknett.

[18] Encontrar-se-á a história dessas intervenções em Haym e em Lenz, e o ponto de vista dos defensores de Hegel em Rosenkranz.

Não seria difícil encontrar escusas para Hegel. Como todos os homens pensantes, ele constatou o fracasso da Revolução Francesa, a sucessão de terror, de ditadura e de derrota. Pode-se acrescentar, e já o mencionamos, que os acontecimentos dos anos durante os quais a *Filosofia do Direito* foi escrita, as revoluções abortadas da Itália e da Espanha e os assassinatos políticos insensatos lhe confirmaram sua desconfiança com relação à "ação direta"; que a observação não lhe mostrou progresso duradouro na direção de uma sociedade mais livre do que no único Estado onde esse progresso tinha sido imposto por um grupo de funcionários notáveis, agindo por trás do biombo do poder real; que tanto a velha aristocracia da Inglaterra quanto os partidos revolucionários dos países latinos se encontravam ainda ou de novo diante de problemas cuja solução estava, se não realizada, ao menos em via de realização no Estado de que Hegel acabava de se tornar servidor.

Mas não está aí o verdadeiro problema. Aqui, quando se trata de filosofia, os termos liberal, conservador, reacionário não têm nenhum sentido preciso e não podem recebê-lo senão da própria investigação filosófica, uma vez que (e na medida em que) ela tiver dado uma definição de progresso e fixado uma orientação para a história. Certamente, muitos se referem ao empirismo e dizem que a evolução tirou a razão a Hegel. Mas não se cai assim num círculo vicioso, e não é pouco lógico ver em Hegel o filósofo deste Estado prussiano que foi capaz de ameaçar – e mais que ameaçar – a Europa durante quase um século e afirmar, ao mesmo tempo, que os acontecimentos o refutaram? Ademais, supor-se-ia assim que a História decidiu sobre a questão do Estado tal como Hegel o concebeu: ora, a História não decide nunca definitivamente (os retrocessos, as "rebarbarizações" são sempre possíveis), e, se ela tivesse "ultrapassado" a Prússia (o que parece provável), teria antes provado que Hegel tinha razão em e para seu tempo; e, ainda que não se tivesse de modo algum levado em conta esta objeção, não se teria refutado a concepção hegeliana: seria preciso antes de tudo provar que ela se aplica exclusivamente a este Estado. Em suma, só resta um caminho, o de olhar para a *Filosofia do Direito*, esse livro que, durante os quinze anos que se seguiram à morte de Hegel, não conheceu mais críticas do que quando seu autor estava vivo, para se tornar, a partir de 1848, o alvo de todos os "demolidores" do sistema hegeliano.

2. Os Fundamentos Filosóficos da Política

Todos conhecem os "horrores" de que está repleta a *Filosofia do Direito*. Enumeremos alguns: o Estado, diz-se ali, é o divino na Terra, a sociedade é subordinada ao Estado, a vida moral tem uma dignidade menor que a vida política, a forma perfeita de constituição é a monarquia, o povo deve obediência ao governo, a nacionalidade é um conceito sem importância, a lealdade para com o Estado é o dever supremo do homem que *deve* ser cidadão, a eleição popular é um mau sistema; e passamos por isso para chegar à mais atroz, à célebre frase do *Prefácio*,[1] essa blasfêmia que, há já mais de um século, faz tremer todos os bem pensantes de todos os partidos: "O que é racional é real, o que é real é racional". É uma afronta ao bom-senso, o insulto supremo que não se perdoa, é um ultraje tão chocante que a maior parte dos críticos – é ao menos a impressão que se tem de seus escritos – não conseguiu ir mais longe, não digo na leitura, mas na compreensão do livro.

---

[1] *Was vernünftig ist, das ist wirklich; und was wirklich ist, das ist vernünftig.* PhD, p. 14 (Prefácio). Dado que nenhuma tradução de um texto hegeliano pode oferecer o sentido exato do original (a menos que se crie uma convenção precisa quanto à terminologia, o que naturalmente não se trata de fazer aqui), nós faremos nas notas todas as citações que importam no texto original. (As palavras em *itálico* são destacadas por Hegel.)

No entanto, Hegel se deu ao trabalho de explicar o que ele queria dizer. Ele fez observar[2] que só era preciso abrir sua *Lógica* para ver que, em sua terminologia, "realidade"[3] e "existência" não se confundiam de modo algum, que a existência só era realidade em parte e que a outra parte era formada pela "aparição": sem sucesso, e Haym, por exemplo, declara que esta distinção cria justamente a fraqueza profunda de todo o sistema, permitindo a Hegel contentar-se em sua filosofia do Estado com a simples realidade empírica.[4] Que seja. Mas qual é o sistema que, em sua moral e em sua política, nos lugares onde se trata de ação, pode renunciar à distinção entre o real e o aparente, entre o importante e o negligenciável, entre o essencial e o que não o é?

Ter-se-ia de provar que Hegel pôs mal os acentos, que ele tomou por *real* o que não era senão *existente*. Ora, ele o fez? Haym, que era um crítico inteligente, não deixou de dizer claramente o que o separava de Hegel: para ele, Hegel sacrifica o indivíduo porque o interesse da harmonia prevalece sobre o da individualidade concreta e vivente.[5] Hegel responderia (e ele o faz efetivamente): a individualidade será racional enquanto tal? O racional não é necessariamente o universal? A individualidade pode exigir mais que ser reconciliada com a realidade do racional, que encontrar-se a si mesma no que *é* na medida em que o que é é racional?

---

[2] *Enciclopédia*, 3ª ed., § 6. – De resto, a *PhD* já contém (Introdução, § 1) uma definição precisa da diferença.

[3] O termo alemão que traduzimos por *realidade* é *Wirklichkeit*, de *wirken* = "agir criando", "produzir um efeito na realidade", ao passo que o termo francês [e português] remete, por *res*, ao objeto enquanto encontrado, passivo, objeto teorético. Segundo o valor etimológico das palavras, seria preciso considerar por *realidade* antes o que Hegel chama de *Dasein* e que nós vertemos por *existência* (numa acepção evidentemente diferente das de *Dasein* e de *existência* em Heidegger e nos existencialistas). É impossível traduzir os termos *Wirklichkeit* e *Dasein* de modo que conservem seus respectivos valores etimológicos e, ao mesmo tempo, as possibilidades de emprego que são os seus em alemão. É preciso insistir bastante nos *harmônicos*, muito diferentes nas duas línguas.

[4] Haym, *loc. cit.*, p. 368.

[5] *Id., ibid.*, p. 369 ss.

E então a crítica de Haym, se tem algum sentido, não será a crítica de toda a filosofia?

Fato significativo, Haym teria podido encontrar este argumento sob outra forma no mesmo *Prefácio* à *Filosofia do Direito* da qual ele tira sua crítica:

"No que concerne à natureza, admite-se que a filosofia deve conhecê-la tal como ela é, que a pedra filosofal está oculta em algum lugar, mas na natureza mesma, que esta é racional em si mesma e que o saber deve explorar e captar pela compreensão esta razão que nela (i.e., na natureza) é presente e real (que é preciso captar com a razão), não as formações e acidentes que se mostram na superfície, mas sua eterna harmonia, e esta como sua lei *imanente* e como seu ser imanente. Em contrapartida, afirma-se que o mundo moral (*sittlich*), o Estado, a razão tal como se realiza no elemento da consciência de si, não desfruta dessa felicidade (que consiste no) que é a razão que, neste elemento, efetivamente adquiriu força e supremacia, que é ela que aí se mantém e permanece. Não, afirma-se que o universo espiritual é entregue ao acaso e ao arbitrário, que ele é abandonado por Deus, de forma que, segundo este ateísmo do mundo moral, o Verdadeiro está fora dele (do mundo) e que, ao mesmo tempo, porque se quer que haja *também* da razão nesse mundo, o Verdadeiro não é aí senão problema."[6]

Esse paralelo entre a natureza e a política é impressionante: Hegel se recusa a admitir que a razão só se encontre nos fenômenos naturais, enquanto o domínio da ação e da história

---

[6] "*Von der* Natur *gibt man zu, dass die Philosophie sie zu erkennen habe, wie sie ist, dass der Stein der Weisen irgendwo, aber in der Natur selbst verborgen liege, dass sie in sich vernünftig sei und das Wissen diese in ihr gegenwärtige, wirkliche* Vernunft, *nicht die auf der Oberfläche sich zeigenden Gestaltungen und Zufälligkeiten, sondern ihre ewige Harmonie, aber als ihr* immanentes Gesetz und Wesen zu erforschen und begreifend zu fassen habe. Die *sittliche* Welt *dagegen, der Staat, sie, die Vernunft, wie sie sich im Elemente des Selbstbewusstseins verwirklicht, soll nicht des Glücks geniessen, dass es die Vernunft ist, welche in der Tat in diesem Elemente sich zur Kraft und Gewalt gebracht habe, darin behaupte und inwohne. Das geistige Universum soll vielmehr dem Zufall und der Willkür preisgegeben sein, es soll* gottverlassen *sein, so dass nach diesem Atheismus der sittlichen Welt das* Wahre *sich ausser ihr befinde, und zugleich, weil doch auch* Vernunft *darin sein soll, das Wahre nur ein Problema sei.*" PhD, p. 7 (Prefácio).

seria entregue aos sentimentos, aos desejos, às paixões. Assim como há ciência da natureza, assim também há ciência do Estado, e a razão não está mais oculta nas produções da consciência humana que nos fenômenos naturais, que todavia são considerados compreensíveis por todo o mundo, ou seja, racionais quanto ao essencial. O mundo moral *é*, e até num sentido infinitamente mais elevado que o mundo da natureza, da exterioridade.

"De um lado, como objetos, a substância moral (*sittlich*), suas leis e suas potências têm com o sujeito essa relação que elas são, no sentido mais elevado da autonomia – uma autoridade e um poder absolutos, infinitamente mais estáveis que o ser da natureza... A autoridade das leis morais é infinitamente mais elevada, porque as coisas da natureza não representam a razão (*Vernünftigkeit*) senão de modo *exterior* e *isolado* e a ocultam sob a forma de acaso."[7]

Para excluir o mal-entendido clássico segundo o qual se poderia tentar fundar sobre esse texto a acusação ou de absolutismo ou de relativismo (pois se sabe que o Estado remata a moral, mas não se está de acordo para decidir se se deve inferir que Hegel foi rigorista em política ou relativista em moral), basta olhar o "outro lado" que introduz o seguinte parágrafo:

"Do outro lado, elas (i.e., as potências morais) não são para o sujeito algo estranho, mas no testemunho do espírito ele (i.e., o sujeito) afirma que elas são sua própria essência, na qual ele tem o sentimento de si mesmo, na qual ele vive como em seu elemento, que não é distinto dele."[8]

---

[7] *"Für das Subjekt haben die sittliche Substanz, ihre Gesetze und Gewalten einerseits als Gegenstand das Verhältnis, dass sie* sind, *im höchsten Sinne der Selbständigkeit, – eine absolute, unendlich festere Autorität und Macht als das Sein der Natur. ... Die Autorität der sittlichen Gesetze ist unendlich höher, weil die Naturdinge nur auf die ganz* äusserliche *und vereinzelte Weise die Vernünftigkeit darstellen und sie unter die Gestalt der Zufälligkeit verbergen."* PhD, § 146.

[8] *"Andererseits sind sie dem Subjekte nicht ein* Fremdes, *sondern es gibt das Zeugnis des Geistes von ihnen als von seinem eigenen Wesen, in welchem es sein* Selbstgefühl *hat, und darin als seinem von sich ununterschiedenen Elemente lebt."* PhD, § 147.

A vida do homem é racional, e ele sabe que é assim, ainda que esse saber só seja (e continue sendo desde sempre) o que dá o sentimento de sua relação imediata ao mundo moral.

Se nos interessássemos sobretudo pela ontologia hegeliana ou pelo fundamento ontológico de sua política, insistiríamos no fato de que o emprego dos conceitos de *sentimento* e de *saber imediato* (o termo se encontra mais adiante em nosso texto) mostra por si só a necessidade da passagem do mundo moral e do sentimento ao Estado. Mas o que nos importa a este respeito é outra coisa: o mundo no qual os homens vivem, no qual eles se sabem nesse mesmo mundo (pois mesmo seus descontentamentos só têm sentido com relação a ele), esse mundo é racional, as leis desta vida são cognoscíveis, e elas o são *eminentemente*, porque é nelas que a razão não só se realiza (ela se realiza também em todas as partes alhures), mas ainda acaba por saber que se realiza. A teoria do Estado, do Estado *que é*, não de um Estado ideal e sonhado, é a teoria da razão realizada no homem, realizada *por* ela mesma e *para* ela mesma.

Uma teoria, não um desejo, uma investigação do Estado: pode-se buscar o bom Estado porque *há* Estado; mas o que se busca sob o nome de Estado bom nunca é senão o Estado *tout court*, tal como é em si mesmo pela razão. Mais ainda, esta investigação só poderia ser uma procura teórica, uma busca do que é real: a ciência, e é de ciência que se trata, ocupa-se do que é; "a filosofia é sua época captada pelo pensamento".[9]

E, todavia, diz Hegel, se se desse ouvido aos que requerem ou propõem teorias novas e originais do Estado, acreditar-se-ia

"que não teria havido ainda pelo mundo Estado ou constituição de Estado, e que não existiriam no presente, senão que se deveria começar do começo *agora* – e esse *agora* dura e persiste –, que o mundo moral esperaria o tempo todo que se procedesse *agora* à elaboração e à análise e à construção dos

---

[9] *"So ist auch die Philosophie,* ihre Zeit in Gedanken erfasst." *PhD,* p. 15 (Prefácio).

fundamentos".[10] Mas nada mais absurdo que esperar da filosofia receitas, um ensinamento que indicasse como o mundo deve ser feito: muito pelo contrário,

"sendo o pensamento do mundo, ela não aparece senão no momento em que a realidade terminou o processo de sua formação e se rematou".[11]

Há conhecimento do Estado tal como ele é em si mesmo, conhecimento de uma *ideia* de Estado, mas de uma ideia que difere da ideia platônica por ser histórica, por não ser uma ideia fora do devir, mas uma ideia do devir,[12] conquanto seja conhecimento objetivo, conhecimento que não deve ocupar-se de sentimentos, de opiniões, de desejos senão na medida em que esses sentimentos conduzem à ação e formam assim a realidade, conhecimento que não deve tomar posição senão em favor da verdade.

Que isso não queira dizer, que isso não possa querer dizer que qualquer Estado é o Estado perfeito, que qualquer Estado tem *razão* em tudo o que faz, que o indivíduo sempre tem de ter obediência cega, isso já decorre dos textos que citamos mais acima[13] e que indicam com evidência que a lei, se é realidade no sentido mais forte, é também a realidade menos estranha ao homem: na concepção hegeliana, toda a história é esta reconciliação entre o indivíduo e o universal.

---

[10] "... *so sollte man meinen, als ob noch kein Staat und Staatsverfassung in der Welt gewesen, noch gegenwärtig vorhanden sei, sondern als ob man* jetzt – *und dies* Jetzt *dauert immer fort* – *ganz von vorne anzufangen, und die sittliche Welt nur auf ein solches* jetziges *Ausdenken und Ergründen und Begründen gewartet habe.*" *PhD*, p. 7 (Prefácio).

[11] "*Als der Gedanke der Welt erscheint sie erst in der Zeit, nachdem die Wirklichkeit ihren Bildungsprozess vollendet und sich fertig gemacht hat.*" *PhD*, p. 17 (Prefácio).

[12] Esta "ideia" é, pois, normativa no sentido em que ela oferece a oportunidade de apreciar o que existe. Mas em outro sentido ela não é normativa (e este ponto é decisivo): ela não fornece um modelo atemporal ou supratemporal. Cf., mais adiante, o papel da história.

[13] Cf. as notas II/27 e 28.

Dado, porém, que é sobre esse ponto que se baseia a maior parte dos ataques dirigidos contra o conformismo de Hegel, será útil apresentar alguns outros textos que mostram que ele soube tirar todas as consequências de seu princípio.

"Quando se fala da ideia de Estado, não se devem representar Estados particulares nem instituições particulares; deve-se contemplar a ideia, o Deus real (*wirklich*) à parte (*für sich*). Todo Estado, ainda quando fosse declarado mau segundo os princípios que se tenham, ainda quando se lhe reconhecesse tal imperfeição, todo Estado, particularmente quando é do número dos Estados desenvolvidos de nosso tempo, traz em si momentos essenciais de sua existência. Dado, todavia, ser mais fácil encontrar defeitos que compreender o positivo, incorre-se demasiado facilmente no erro de se fixar em lados isolados e de esquecer o organismo do Estado. O Estado não é uma obra de arte; ele se ergue no mundo, partindo, na esfera do arbitrário, do acaso e do erro, e uma má conduta pode desfigurá-lo sob muitos aspectos. Mas o homem mais feio, o criminoso, o aleijado e o doente são ainda homens vivos; a vida, o positivo, perdura apesar do defeito, e se trata aqui desse positivo."[14]

A volta para o interior (Hegel fala do indivíduo que se afasta do Estado, em particular de Sócrates como aquele que opõe

---

[14] Este é um dos adendos que os primeiros editores das *Obras Completas* extraíram dos cursos de Hegel. Nós o citamos porque os textos seguintes garantem que a expressão está totalmente de acordo com as opiniões de Hegel – *"Bei der Idee des Staates muss man nicht besondere Staaten vor Augen haben, nicht besondere Institutionen, man muss vielmehr die Idee, diesen wirklichen Gott, für sich betrachten. Jeder Staat, man mag ihn auch nach den Grundsätzen, die man hat, für schlecht erklären, man mag diese oder jene Mangelhaftigkeit daran erkennen, hat immer, wenn er namentlich zu den ausgebildeten unserer Zeit gehört, die wesentlichen Momente seiner Existenz. in sich. Weil es aber leichter ist Mängel aufzufinden, als das Affirmative zu begreifen, verfällt man leicht in den Fehler, über einzelne Seiten den inwendigen Organismus des Staates selbst zu vergessen. Der Staat ist kein Kunstwerk; er steht in der Welt, somit in der Sphäre der Willkür, des Zufalls und des Irrtums, übles Benehmen kann ihn nach vielen Seiten defigurieren. Aber der hässlichste Mensch, der Verbrecher, ein Kranker und Krüppel ist immer noch ein lebender Mensch; das Affirmative, das Leben, besteht trotz des Mangels, und um dieses Affirmative ist es hier zu tun."* PhD, Acr. ao § 258, ed. Lasson, p. 349 ss.

ao Estado ateniense o princípio da consciência moral) dá-se "em épocas em que o que é reconhecido como justo e bom na realidade e na tradição (*Sitte*) não é capaz de satisfazer a melhor vontade; quando o mundo da liberdade existente se torna infiel (i.e., à melhor vontade), ela já não se encontra nos deveres em vigor".[15]

"Uma norma do direito pode ser deduzida como bem fundada e consequente a partir das condições e das instituições existentes do direito e pode ser, não obstante, em e por si mesma contrária ao direito e não razoável."[16]

"A ciência positiva do direito não deve espantar-se... quando se lhe pergunta se... uma norma do direito é, ademais, racional."[17]

"O fato de que, historicamente falando, tenha havido épocas e condições bárbaras, em que tudo o que pertencia ao domínio elevado do espírito se encontrava na Igreja, em que o Estado não era senão um regime desse mundo, regime de violência, de arbitrariedade e de paixão... isso pertence à história"[18] – existiu e pode, pois, existir.

O que é comum a todas essas citações – que se poderiam multiplicar sem dificuldade – é a insistência com que elas reconhecem ao homem o direito de criticar e de rejeitar tal

---

[15] "... *in Epochen, wo das, was als das Rechte und Gute in der Wirklichkeit und Sitte gilt, den besseren Willen nicht befriedigen kann; wenn die vorhandene Welt der Freiheit ihm ungetreu geworden, findet er sich in den geltenden Pflichten nicht mehr."* PhD, § 138.

[16] *"Eine Rechtsbestimmung kann sich aus den* Umständen *und* vorhandenen Rechts-Institutionen als vollkommen* gegründet *und* konsequent *zeigen lassen und doch an und für sich unrechtlich und unvernünftig sein."* PhD, § 3. Cf. Também § 30.

[17] *"Die positive Rechtswissenschaft... darf... sich wenigstens nicht absolut verwundern, wenn sie es auch als eine* Querfrage *für ihre Beschäftigung ansieht, wenn nun gefragt wird, ob denn nach allen diesen Beweisen eine Rechtsbestimmung vernünftig ist."* PhD, § 212.

[18] *"Dass es nun geschichtlich Zeiten und Zustände von Barbarei gegeben, wo alles höhere Geistige in der Kirche seinen Sitz hatte und der Staat nur ein weltliches Regiment der Gewalttätigkeit, der Willkür und Leidenschaft und jener abstrakte Gegensatz das Hauptprinzip der Wirklichkeit war, gehört in die Geschichte."* PhD, p. 215, § 270.

Estado. O Estado empírico pode ser imperfeito, e nem tudo é sempre o melhor no melhor dos mundos; o direito positivo pode ser não razoável, o Estado concreto pode ser ultrapassado pela história. Permanece a verdade simples de que não se pode dizer nada de válido antes de saber de que se fala, de que se não pode julgar *os Estados* sem saber o que é *o Estado*.

***

Pode-se afirmar que "nada disso tem sentido", que não há Estado em si mesmo, que a ideia de uma política filosófica é absurda, que não há senão que viver e deixar viver, que todas as opiniões se equivalem, e que ao fim e ao cabo há apenas o sucesso que decide – não decide quanto a teorias, pois já não há teoria, mas quanto à sorte dos indivíduos que se servem de pretensas teorias. Pode-se, em uma palavra, afirmar que não há história, mas somente uma sequência de acontecimentos destituídos de sentido, porque destituídos de qualquer estrutura que desse aos acontecimentos coesão e unidade.[19] Talvez seja assim, mas então segue-se que aquele que invoca a violência já não tem direito de protestar contra a violência. É verdade que se pode observar (e amiúde se observou desde Platão) que os defensores teóricos da violência tomam o partido da moral a partir do momento em que sofrem violência, e que os que praticam a violência apelam, ao primeiro fracasso, ao tribunal do *fatum* ou da divindade, do sentido da História, das regras anteriores a toda norma positiva, sendo os

---

[19] Ouve-se amiúde atribuir esta teoria ao próprio Hegel: a concepção hegeliana daria razão ao que prevalece na luta, e seria sua "ideia" que se imporia. É evidente que toda a teoria do Estado se opõe a tal interpretação. No entanto, ela é compreensível por duas razões: na esfera pré-estatal da luta pelo reconhecimento (cf. a *Fenomenologia do Espírito*, como o comentário de A. Kojève, "Introduction à la Lecture de Hegel", Paris, 1947, sobretudo p. 11 ss), é, com efeito, o resultado da luta o que decide. Mas, além de não se tratar de uma luta no interior do Estado (que só sairá desta luta), deve-se observar que o progresso do Espírito é obra não do vencedor, mas do vencido, do escravo. Por outro lado, a história se faz pela ação violenta do *herói* de um lado, e da guerra entre os Estados de outro. Em ambos os casos, trata-se do Estado, seja da fundação ou da transformação de um Estado, seja da consecução da supremacia por um Estado. Mas fundações e vitórias só têm valor positivo na concepção hegeliana com a condição de dar um novo passo para a realização da liberdade, ou seja (para Hegel), da razão. – Cf. o que se dirá em seguida sobre o *herói* e sua *história*.

primeiros a lamentar se a organização, ou seja, o Estado, já não funciona satisfatoriamente. No entanto, dado que se *pode* tomar posição a favor de um atomismo social que só reconhece indivíduos, admitamos, para conceder algo ao adversário, que alguns homens permanecem fiéis a esse princípio e só reconhecem sua vontade individual, o que os filósofos têm o costume de qualificar com o termo de "arbitrário". Que se segue daí contra a possibilidade de uma teoria do Estado?

Absolutamente nada, responde Hegel. Ao contrário, tal atitude exprime um lado essencial da vida humana, um *momento* sem o qual a compreensão mesma do Estado seria impossível – um momento essencial, mas subordinado. Sabe-se – mas teremos de voltar a isto – que para Hegel o direito é anterior à moral, a moral formal à moral concreta de uma vida em comum, de uma tradição viva (*Sittlichkeit*), e que esta representa para o Estado a realidade (*Wirklichckeit*) e o acabamento total. Mas isso significa antes de tudo que o direito e a moral do indivíduo são imprescritíveis; isso significa somente, em seguida, que o direito e esta moral do indivíduo não bastam; isso significa, enfim, que sua realidade (e não sua destruição) deve ser buscada no Estado. Isso não significa que o Estado possa ou deva suprimir ou combater o direito e a moral da pessoa humana – porque isso significa exatamente o contrário; como sempre em Hegel, o que é suprimido dialeticamente também é sublimado e conservado e só é plenamente realizado por este ato do *Aufheben*.

O problema fundamental se torna, então, o da liberdade ou (o que vem a dar no mesmo) da vontade. A política – palavra tomada no sentido mais largo, em que compreende toda a ciência da vida em comum do animal político que é o homem, ou seja, direito, moral, tradição, organização social e estatal – não é senão a ciência da vontade.[20]

Ora, o homem se *encontra* no mundo – ele se encontra da mesma forma como encontra algo, como um dado. Para dizer

---

[20] Para o que se segue, cf. *PhD*, Introdução, § 4 ss.

a verdade, ele nem sequer se *encontra*, porque ainda não se opõe a si mesmo: ele é, e seu ser é ser consciente, não de si, mas do exterior. É só no momento em que ele começa a se *refletir em si mesmo*, para empregar a curiosa expressão hegeliana, em que é relançado sobre si mesmo, que a vontade já não *é* somente, mas aparece para o homem mesmo: ele se torna consciente de si graças ao fracasso, graças à derrota que ele sofre na luta com outra vontade à qual ele não consegue impor-se;[21] mostrando-se assim ao homem, a vontade se mostra a ele como pensamento.[22] Nada mais surpreendente à primeira vista, nada mais evidente à reflexão: com efeito, a vontade que é minha, que eu sei ser minha, é o *pensamento* da negação de toda condição, é o *pensamento* de minha liberdade, o *pensamento* cujo dado posso recusar.

Mas, recusando todo dado, toda determinação exterior (condição natural, necessidade, etc.) e interior (desejo, pendor, instinto, etc.), tomando consciência de mim mesmo como da negatividade livre e da liberdade negadora, eu encontro ao mesmo tempo uma nova positividade, tão essencial quanto essa negatividade: eu nego para pôr, eu sou liberdade absoluta para me determinar a algo em particular, eu recuso *isto* para escolher *aquilo*, querendo-o até segunda ordem, sempre certo de poder negar o que eu acabo de escolher, mas também sempre me determinando em e por esse novo ato da liberdade. A liberdade, como se proclama hoje em dia, crendo ter feito uma grande descoberta (ter encontrado uma panaceia filosófica) é liberdade "em situação".[23]

---

[21] Cf. Kojève, *loc. cit.*

[22] *PhD*, § 5 ss.

[23] A *liberdade em situação* não constitui, para dizer a verdade, uma descoberta: o conceito é tão velho quanto a filosofia; ele não tinha sido formulado pela simples razão de que uma liberdade fora da situação concreta não tinha sido imaginada antes do acosmismo de fundo moral de Kant. A glória da redescoberta (ou se se preferir, da descoberta, reservando-se então o mérito da descoberta à formulação expressa de uma tese aceita desde há muito tempo) cabe a Hegel, que vê ao mesmo tempo a importância desta ideia e sua insuficiência (cf., mais adiante, p. 47 e n. 29). Nas re-descobertas mais recentes, observa-se um retorno à atitude kantiana (sem que se possa dizer que tais investigações alcancem sempre a profundidade e a altura do pensamento de Kant) com,

Em outras palavras, a vontade, sendo *livre*, dá-se *necessariamente* um conteúdo, um fim que deve ser realizado, na realidade, com os meios da realidade. A liberdade da vontade é antes de tudo a vontade de realizar o fim, e não é senão isso. Há liberdade, há consciência de si, mas tanto uma como a outra ainda não são captadas enquanto tais: o homem quer

---

ademais, a *exigência* de um sentido da vida, de um cosmos moral cuja *realização* ou *realidade* são, todavia, consideradas impossíveis de um modo *filosoficamente* legítimo ou legitimável. A fim de ser consequente, dever-se-ia, a partir desse ponto, levar o agnosticismo muito mais longe que Kant, para quem as palavras *Deus*, *liberdade* e *imortalidade* ainda tinham um sentido, conquanto para ele esse sentido não se pudesse formular teoricamente: se "o homem é uma paixão inútil" (J.-P. Sartre, *L'Être et le Néant*, Paris, 1943, p. 708) – definição que é equivalente à de *pessoa* de direito privado dada por Hegel e não a ultrapassa –, a filosofia já não pode compreender sua própria possibilidade e deve desembocar ou na poesia ou no ato gratuito, ou seja, na palavra e na ação *insensatas*. De fato, os homens sabem muito bem o que importa em sua vida, e até suas dúvidas são sempre formuláveis, porque sua existência concreta lhes apresenta questões a que eles respondem (bem ou mal: esse mero problema já mostra que há um sentido da vida – o que não quer dizer que este seja descoberto sem dificuldade). Ademais, para remontar à fonte desta nova *filosofia da reflexão* que separa o homem da razão, M. Heidegger viu bem que a vida concreta do homem se passa no modo da *Zuhandenheit*, num mundo conhecido e familiar que não apresenta problemas senão como exceção, no qual o homem está tão bem em situação que, normalmente, ele não se sente em situação (cf. *Sein und Zeit*, 5ª ed., Halle, 1931, § 16). Seria útil investigar como e por que este mundo real se transforma em mundo da inautenticidade, como e por que uma *existência autêntica* se aparta da existência de todos os dias, e, se ela não adquire um valor maior (para Heidegger não há *preferência* por uma ou outra dessas atitudes), ocupa ao menos o centro do interesse – Hegel esboçou, para rechaçá-la, a filosofia da situação e da decisão formais (que ainda se chama nele "virtude"): "Quando se fala d*a* virtude, frisa-se facilmente o vazio da declamação, porque se fala assim somente de algo abstrato e indeterminado, assim como tal discurso, com suas razões e suas imagens, se endereça ao indivíduo tomado como um arbitrário e um alvedrio subjetivo. Em dado estado moral, cujas relações estão plenamente desenvolvidas e realizadas, a virtude, em sentido próprio, só tem lugar e realidade em circunstâncias extraordinárias e em colisões extraordinárias dessas relações – nas colisões verdadeiras, pois a reflexão moral pode em todas as partes criar para si colisões e pode propiciar-se a consciência de algo particular e de sacrifícios que ela teria feito". – *"Das Reden aber von der Tugend grenzt leicht an leere Deklamation, weil damit nur von einem Abstrakten und Unbestimmten gesprochen wird, sowie auch solche Rede mit ihren Gründen und Darstellungen sich an das Individuum als an eine Willkür und subjektives Belieben wendet. Unter einem vorhandenen sittlichen Zustande, dessen Verhältnisse vollständig entwickelt und verwirklicht sind, hat die* eigentliche Tugend *nur in ausserordentlichen Umständen und Kollisionen jener Verhältnisse ihre Stelle und Wirklichkeit; – in wahrhaften* Kollisionen, *den die moralische Reflexion kann sich allenthalben* Kollisionen *erschaffen und sich das Bewusstsein von etwas Besonderem und von gebrachten Opfern geben." PhD*, § 150.

livremente, a consciência é consciência de si, mas o homem em sua vida o ignora; somos nós que constatamos que o homem atingiu uma etapa que o situa acima dos animais, ao passo que ele tem o olhar fixo no mundo: o homem é livre *em si* (ou seja, para nós, que somos filósofos), não *por si*; ele tem *certeza* de sua liberdade, mas não tem *ciência* dela.

A consciência "normal" detém-se neste ponto. Ela é e não é senão esta certeza de poder negar todo e qualquer dado, de poder opor-se a toda e qualquer limitação, de recusar o que é imposto, ou simplesmente posto, de fora. Aí está o que explica os protestos que se elevam em todas as partes a partir do momento em que os termos da vontade racional, de vontade universal, são introduzidos. Mas tais protestos esquecem o positivo que está indissociavelmente ligado a essa negatividade: a vontade tem sempre um conteúdo, e, enquanto esse mesmo conteúdo não for determinado pela vontade, enquanto for aceito ao acaso das preferências, dos gostos, dos caracteres individuais, enquanto for *arbitrário*, será verdadeira a tese do determinismo segundo a qual a negatividade não tem nenhum emprego fora da situação concreta e que esta é *dada* como são *dadas* as "reações" do indivíduo à situação: *que* eu escolha, isso resulta de minha liberdade; *como* eu escolho (a única coisa que importa), isso depende da causalidade.

Para Hegel, esta verdade relativa do determinismo se funda no fato de a vontade individual, tal como ela se concebe a si mesma aqui, não ainda, propriamente falando, vontade humana, de ainda ir *imediatamente* a seu objetivo, de não ser *mediatizada* pela razão que age, pela organização consciente da vida em comum, em suma, pelo fato de ser *natural* (como tudo o que não é mediatizado). É necessário um novo passo, e a vontade deve captar-se como vontade que não quer somente *tout court*, senão que *quer a liberdade*. Só quando se dá seu conteúdo é que a vontade realiza a liberdade: ora, o conteúdo de uma vontade livre e que não depende de um dado só pode ser a liberdade mesma.

Fórmula paradoxal e, parece, incompreensível. Como a vontade livre pode querer a liberdade, querer positivamente a negatividade? Ela o pode porque não é a negatividade absoluta da individualidade dada e não livre, a negatividade nua que ela quer: ela compreendeu que a negatividade nega todo o dado enquanto tal, tudo o que não é mediatizado pela ação do homem, incluído o ser empírico do próprio indivíduo – tudo o que não satisfaz a *razão*. Nós veremos que a negatividade não desaparece nesta compreensão, que ela continuará a desempenhar um papel decisivo no plano da vida individual e social; não obstante, no *pensamento*, a vontade volta a si mesma, compreende-se como sendo essencialmente não arbitrária, e ela pode assim reconhecer, no que é sua obra e produto de sua criatividade, o que tinha querido sem compreender que o queria. Veremos até *como* esta tomada de consciência da liberdade se elabora nas passagens do direito à moralidade, desta à moral concreta, e enfim ao Estado. O que importa aqui é a tese de que a vontade livre só pode satisfazer-se compreendendo que ela busca e sempre buscou a liberdade numa *organização* racional, universal da liberdade (e aqui *da liberdade* é genitivo tanto do sujeito quanto do objeto): a *vontade* que é livre não somente para nós, não somente para si mesma, mas livre em *e* por si, esta vontade é o *pensamento* que se realiza, que sabe que se realiza, que sabe que se realizou.[24] Em todas as partes e

---

[24] A questão que se apresenta aqui, a saber, se esta realização da liberdade é completa, ou, em outras palavras, se a história, que é a realização da liberdade, está concluída e terminada, será discutida na última parte deste trabalho. Notemos apenas que o que foi dito (e citado) precedentemente permite dar uma primeira resposta: a cada instante histórico conhecido pelo pensamento, a liberdade é realizada, senão não haveria pensamento. Mas esta realização não é completa, senão a história não teria continuado. Não obstante, ela é sempre relativamente completa, ou seja, corresponde, em cada etapa, à consciência da época, assim como o pensamento corresponde à realidade dessa época. O novo passo não será dado pelos que portam o pensamento da época considerada, mas pelo elemento insatisfeito, ou seja, aquele que age por paixão. – A censura de "historicismo" que sempre se faz contra Hegel é, por conseguinte, injustificada: a história possui um sentido determinado em sua orientação para a realização da liberdade-razão, para a organização de uma vida em comum em que todo indivíduo encontra satisfação enquanto é racional (pela supressão de toda relação não mediatizada e inumana com a natureza). O que foi adquirido nesse processo permanece para ele, e toda tentativa de retorno é, em sentido

sempre, teremos de recordar que a política é a ciência da vontade racional em sua realidade eficaz (*Wirklichkeit*), a ciência da realização histórica da liberdade, da realização positiva da negatividade. A liberdade não é positiva e não age senão na medida em que objetivamente – esteja ou não consciente disto – é racional, ou seja, universal: a liberdade concreta não é o arbitrário do *indivíduo*, impossível de pensar, impossível de realizar, e o homem é livre na medida em que quer a liberdade do *homem* numa comunidade livre.²⁵

***

É isso o que permitirá compreender por que Hegel, falando da liberdade, não comece por uma dissertação "metafísica", mas por uma análise da liberdade concreta em sua forma mais primitiva, mais simples, mais abstrata, mas na qual ela também aparece *objetivamente*: a forma do direito.

O direito primitivo, primeira expressão objetiva da vontade, é a realização empírica da vontade empírica e natural do indivíduo. É o direito do indivíduo enquanto tal, o direito de *propriedade*, que, para Hegel, se distingue da *fortuna*, da

---

estrito, não razoável e, portanto, imoral (embora, como se sabe, tais tentativas podem produzir-se e nada impede *a priori* seu sucesso – o que teria por única consequência que a história teria de refazer seu trabalho). Quanto à moral do indivíduo, ela é concretamente determinada pela tradição (*Sitte*) de seu povo e de seu tempo; se ele não se conforma com ela, será criminoso, a menos que sua ação, tornando-se universal, exprima uma nova consciência que deve justificar-se historicamente *e* moralmente – o que vem a dar no mesmo.

²⁵ Se queremos convencer-nos de que a tese hegeliana não se justifica apenas "filosoficamente" – o que, para muitos homens, seria quase o contrário de uma demonstração séria e científica –, interessemo-nos por estudar o livro de B. Malinowski *Freedom and Civilization*, Londres (1947): o autor, partindo dos dados de sua ciência particular, que é a etnologia, desenvolve, apesar ou por causa de seu profundo desprezo pela "metafísica" em geral e por Hegel em particular, a maior parte das teses hegelianas: ele jamais está em conflito com Hegel, mesmo ali onde não chega a resultados tão profundos ou tão vastos. Isso é verdade, em particular, no que concerne à concepção de *liberdade* (concepção tanto sua quanto de Hegel) como liberdade *positiva*, liberdade de fazer, não liberdade *negativa*, liberdade de não fazer, e que, portanto, também para Malinowski, não poderia ser enunciada senão a respeito da constituição de uma sociedade, não da consciência individual, essencialmente arbitrária enquanto individual. A comparação poderia prosseguir passo a passo. Cf. a resenha do livro de Malinowski in *Critique*, 1948, t. IV, nº 23, p. 356 ss.

propriedade que traz e garante a independência econômica do indivíduo, da família, da sociedade; ela significa a posse de um objeto natural. Neste ato, o homem natural se torna *pessoa*: não é a necessidade que está na origem da propriedade; é a afirmação da individualidade, o ato da vontade, constitutivo a tal ponto da pessoa, que meu corpo só é meu na medida em que tomo posse dele (ainda que para o outro eu seja sempre meu corpo). E, por outro lado, nada do que pode ser individualizado está isento dessa tomada de posse, nada se subtrai ao direito que eu tenho de utilizá-lo como quiser, não se pode assinalar nenhum limite ao direito de propriedade no plano do direito abstrato, abstrato justamente por causa da ausência de uma limitação por uma positividade superior.[26]

Dado, porém, que foi minha vontade que se colocou nesse objeto, ela também pode perfeitamente retirar-se dele, e, como ela se alienou e exteriorizou (*veräussern*) na coisa, ela pode alienar a coisa por sua vez: vê-se a passagem do direito do indivíduo ao contrato, à formação de uma vontade comum entre os contratantes, mas que é particular a estes, sem ser universal. Vê-se também que nada impede esta vontade de se desfigurar e que ela se distingue da vontade tal como é em e por si mesma, da vontade racional e universal. Ela permanece presa ao que é seu *outro*, no que lhe é exterior e dado: ela está longe de ser o que é a vontade livre segundo sua definição abstrata, "vontade livre que quer a vontade livre".[27]

Por isso o dano e o crime entram no domínio do direito, porque ele é domínio da exterioridade, da natureza, do acaso: a força e a ação permanecem vinculadas a esta expressão incompleta da liberdade. Dado, contudo, que a liberdade, mesmo alienada e exteriorizada, não admite coação, que é o contrário do direito da pessoa, força e coação se suprimem por si mesmas: o criminoso, negando a pessoa do outro, negou a pessoa *tout court* e, portanto, também a sua; sendo racional

---

[26] Para o que se segue, cf. *PhD*, parte I, *O Direito Abstrato*.
[27] "*Der freie Wille, der den freien Willen will.*" *PhD*, § 27.

em sua essência, ele quis (em si, se não por si) que o direito fosse restabelecido pela contracoação.

Apresenta-se explicitamente, assim, o que até aqui só era verdadeiro aos olhos do filósofo: a oposição entre a vontade universal que não é senão em si (ou seja, para nós que procedemos a esta investigação partindo do ponto de vista da razão e do universal, da ciência) e a vontade individual que não é livre senão para si mesma. São o dano (civil) e o crime (penal) o que revela a justiça como o objeto da vontade profunda, que opõe o arbitrário à liberdade, a alienação à razão: o homem não quer o mal que ele faz, porque ele não quer que o mal seja feito, dado que o mal suprime não só a liberdade racional, mas também o arbitrário na medida em que o arbitrário ainda não afirma somente a autonomia d*este homem*, mas a autonomia d*o homem*. Para o homem que compreendeu a injustiça (nada indica, mas nada tampouco exige que todo indivíduo chegue a esta compreensão), a pessoa do direito não é mais o homem todo: ele se sabe vontade individual; mas, em sua vontade individual, ele se quer universal: para empregar a terminologia hegeliana, a *pessoa* torna-se *sujeito*.

Como a pessoa, o sujeito age; mas ele já não se exterioriza inteiramente e ingenuamente. Ele se deu o objetivo de sua ação e tem consciência disso; o que lhe importa é que a vontade esteja de acordo consigo mesma, que ela não se contradiga nem se refute. Em outras palavras, a vontade do sujeito quer ser universal e sabe que só o será se for à medida do conceito da razão. A *boa vontade* é a vontade do homem enquanto tal, e a boa ação tem como determinante o fato de, conquanto seja minha, reconhecer como regra o conceito, que diz o que ela *deve* ser; ela representa, de sua parte, a vontade de todos os homens. Viemos a dar, assim, na moral de Kant.

***

Insistiu-se amiúde na crítica da concepção kantiana da moral que encerra esta parte da *Filosofia do Direito*, crítica que figura, idêntica quanto ao fundo, em quase todas as obras de Hegel, desde a *Diferença entre os Sistemas de Fichte e de Schelling* até a última edição da *Enciclopédia das Ciências Filosóficas*. O ponto principal desta crítica é bem conhecido: o imperativo categórico não permite a ação, porque o conteúdo concreto que é necessário a toda aplicação do critério moral é tomado do mundo existente, do domínio da exterioridade e do arbitrário, e porque o critério moral é puramente formal; o dever permanece, pois, eternamente puro dever, ou, muito pior, tem de permanecer assim, porque, se a lei moral nunca fosse seguida por todos os homens, o homem, não tendo mais tarefa nem problema, já não teria conteúdo de sua consciência moral.

Mas, para a questão que nos ocupa, o conteúdo positivo desta parte da *Filosofia do Direito* importa mais que esta crítica, por mais definitiva que ela seja. Trata-se da ação, e da ação como minha, ação cuja responsabilidade carrego e reclamo para o bem ou para o mal, enquanto mérito ou enquanto culpa. Esta ação é, pois, por si mesma fruto do meu *propósito deliberado* (*Vorsatz*); dado, porém, que a ação é feita no mundo, dado que ela se expõe aos acasos da realidade exterior, a vontade termina por se voltar do isolamento do *propósito* para a universalidade da *intenção* (*Absicht*): o sujeito não busca o ato separado, mas se busca a si mesmo em seu ato, não perseguindo *isto* primeiramente, *aquilo* em seguida e assim ao infinito, mas perseguindo sua satisfação. Ora, esta satisfação, diferente de todo e qualquer conteúdo isolado, não é a da individualidade, não pode ser senão a do *sujeito*, do homem enquanto pensa: é a satisfação do subjetivo, mas no objetivo, a satisfação na *obra*. Satisfação que não será imoral, porque é satisfação de ser livre – ou antes, que não *deve* ser imoral mas *pode* sê-lo, porque o bem do sujeito, dos sujeitos, de todos os homens ainda não está fixado.

Ora, esse bem se declara agora: ele é a unidade entre a vontade particular e a vontade universal. Em outras palavras, o bem não existe senão como a *verdade* (o ser revelado) da vontade, portanto no pensamento e pelo pensamento, o único que pode estabelecer esta unidade e julgar as pretensões à unidade. E é este o ponto que é preciso notar: o sujeito tem o direito absoluto de ser julgado segundo sua *intenção*, tem o direito absoluto de só ser julgado segundo uma lei que ele mesmo reconheceu, que ele pensou:

"O direito da vontade subjetiva é (exigir) que o que ele deve reconhecer como válido seja compreendido por ele como bem."[28]

Compreende-se, pois, por que Hegel, por uma vez, fala a este respeito de Kant com admiração:

"Não foi senão pela filosofia kantiana que o conhecimento da vontade ganhou um fundamento e um ponto de partida sólidos, graças ao pensamento de sua autonomia infinita."[29]

E é ainda falando do princípio da vontade individual que ele reconhece um mérito a Rousseau, que comumente não encontra muito favor de sua parte.

"Rousseau teve o mérito de estabelecer como princípio do Estado um princípio que é *pensamento* não somente segundo a forma (como, por exemplo, o instinto social, a autoridade divina), mas segundo seu conteúdo, a saber, o Pensar (*das Denken*) mesmo, ou seja, a vontade."[30]

É verdade que em seguida Hegel reprovará a Rousseau o ter transformado o Estado em contrato, o pensar apenas na vontade individual e o negligenciar o outro lado da vontade, a objetividade racional; é verdade ainda que a homenagem a Kant se segue da observação de que o ponto de vista desta moral

---

[28] *"Das* Recht *des* subjektiven Willens *ist, dass das, was er als gültig anerkennen soll, von ihm* als gut eingesehen *werde."* PhD, § 132.

[29] *"... wie denn die Erkenntnis des Willens erst durch die* Kantische *Philosophie ihren festen Grund und Ausgangspunkt durch den Gedanken seiner unendlichen Autonomie gewonnen hat."* PhD, § 135.

[30] *"... hat* Rousseau *das Verdienst gehabt, ein Prinzip, das nicht nur seiner Form nach (wie etwa Sozialitätstrieb, die göttliche Autorität), sondern dem Inhalte nach* Gedanke *ist, und zwar das* Denken *selbst, nämlich den* Willen *als Prinzip des Staats aufgestellt zu haben."* PhD, § 258, p. 196 ss. – Observar-se-á a fórmula: "o pensar mesmo", ou seja, a vontade.

abstrata não leva senão a uma lengalenga "de dever por amor ao dever", e de que assim nenhuma deontologia concreta é possível. Isso não impede que "a consciência (moral) exprima a pertinência absoluta da consciência-de-si subjetiva, a saber, (o direito) de conhecer em si e por si o que são o justo e o dever e de só reconhecer o que ela conhece, assim, como o Bem, (o que ela exprime) ao mesmo tempo pela pretensão que o que ela sabe e quer assim é justo e bem *como verdade*".[31]

O que significa: só se pode em direito exigir do homem o que a razão reconhece como conveniente para um ser livre *e* racional – ou melhor: racionalmente livre, livremente racional. Mas decorre daí igualmente que a consciência moral, precisamente porque constitui o santuário inviolável da interioridade, é essencialmente ambígua, que ela pode tanto ser sincera quanto mentirosa, assim como o *sujeito* pode ser bom ou mau. Não importa o que possa ser justificado pela consciência moral subjetiva, não importa que meio possa ser defendido sob os nomes de nobre e de bom, não importa que hipocrisia possa sustentar-se, não importa que contraverdade, pelo simples apelo à convicção pessoal do autor da ação. Pois a vontade moral é tão somente *vontade particular*.

Em outras palavras, não há moral concreta fora de uma situação concreta: é preciso que a vontade compreenda que o Bem *é*, que a liberdade *existe* no mundo *objetivamente*, que a ação *tem* um sentido; é preciso que a vontade vazia e o Bem formal se reconheçam como de fato realizados, realizados com uma perfeição maior ou menor, mas realizados no mundo, no que Hegel chama de *Sittlichkeit*, a vida moral histórica, o costume, esse *totum* de regras, de valores, de atitudes, de reações típicas que forma o que para nós leva os nomes de tradição e de civilização.

---

[31] "*Das* Gewissen *drückt die absolute Berechtigung des sujektiven Selbstbewusstseins aus, nämlich* in sich *und aus sich selbst zu wissen, was Recht und Pflicht ist, und nichts anzuerkennen, als was es so als das Gute weiss, zugleich in der Behauptung, dass, was es so weiss und will, in* Wahrheit *Recht und Pflicht ist.*" PhD, § 137.

No entanto, se é preciso que a consciência individual se reconheça no mundo concreto, é preciso também que seja ela mesma que se reconheça aí. Não há moralidade concreta, não há tradição que possam forçar os homens ou destruir os direitos da moral formal e racional. A moral concreta é a realização da liberdade, é o meio no qual o homem encontra, com o reconhecimento de sua consciência moral pelos outros, o conteúdo desta consciência que lhe permite agir, assumir responsabilidades concretas, realizar o Bem. E esta moral concreta lhe permite realizar o Bem porque *esse Bem já existe*, porque já existe um mundo humano da liberdade real, porque a vida já está orientada. O indivíduo não entra num espaço moral vazio, ele não se encontra diante de uma matéria do dever que só toma forma por meio de sua ação; assim como ele não constitui a propriedade, mas no máximo sua propriedade, assim como ele não constitui a moral, mas no máximo sua moral, e constitui uma e outra porque já há propriedade e moral, assim também ele se compreende a partir da liberdade de sua vontade, mas ele só se compreende porque no mundo que ele habita e que o habita já há razão, compreensão e liberdade. É preciso que sua reflexão parta do mais pobre, do mais abstrato, para captar o concreto, que é o fundamento sem o qual o abstrato e a abstração não seriam. É preciso que ele se faça negatividade, que ele esteja seguro, em sua consciência (consciência moral *e* consciência-de-si, que não são senão a mesma, a única consciência-de-si), da onipotência e do direito eterno da negatividade: mas o sentido desta negatividade não consiste em ir para os conteúdos isolados que ela possa destruir e devorar à medida que eles se apresentem; ela tem por sentido compreender que o que está no mundo moral, no mundo dos homens, é obra da negatividade mesma, compreender que a lei positiva (não: toda e qualquer lei positiva) é uma vitória da negatividade sobre o imediato, sobre a natureza no homem e em face do homem, que o homem pode entregar-se livremente ao positivo da vida em toda a medida, e somente na medida em que esse positivo é resultado da negatividade, em que ele é realidade racional.

3. O Estado como Realidade da Ideia Moral

Afirma-se amiúde que o direito e a moral não contam para Hegel: não as qualificou ele de abstratos? Os dois não se realizam e não adquirem um sentido concreto apenas no Estado? Ora, há que repetir, nesta objeção há um erro quase inteiramente terminológico. O fato de que uma noção seja chamada de abstrata, na linguagem hegeliana, não significa de modo algum que seja falsa e que possa ou deva ser eliminada; ao contrário, daí decorre que ela é indispensável ainda que incompleta, que tudo o que se seguir no desenvolvimento do conceito a deverá levar em conta, a deverá, com a palavra de Hegel, "*aufheben*", ab-rogar, mas ab-rogar somente no que ela tem de abstrato para guardá-la sublimando-a, para lhe dar sua função positiva no todo organizado da razão.

No que concerne ao problema da moral, é ademais difícil ver a dificuldade, se se renuncia aos *partis pris* e olha o trabalho concreto da ciência e da teoria. Todo o mundo parece então de acordo, e sempre se afirmou que o direito do indivíduo só se realiza numa organização supraindividual, que uma vida moral só é possível segundo o que se designa hoje em dia pela expressão "sistema de valores", sistema preexistente em que o indivíduo toma posição sem poder nunca tomar posição com respeito ao sistema inteiro (a menos que ele se decida pelo único ceticismo consequente, o da abstenção de toda ação e do silêncio absoluto). O homem pode considerar-se como proprietário, interpretar-se como consciência moral: sempre se respondeu que o que se interpreta assim é o homem completo e que esta interpretação é uma pura abstração. Sempre se soube, embora algumas vezes se goste de afirmar o contrário, que não há o HOMEM, mas somente homens, com um sexo, uma idade, uma posição social, um trabalho, pertencente não À COMUNIDADE, mas a uma comunidade, a uma família, a um povoado, a uma associação, a um país. O homem, diz Hegel, é livre: isso quer dizer que, num Estado livre, ele pode possuir e utilizar e consumir e se entender com outros homens; ou seja, por conseguinte, ele não reconhece como válido para ele o que não reconhece como sua própria decisão racional; o que quer dizer que esta liberdade é a do homem racional que só considera como decisão sua a decisão universal que vise ao Bem universal, a decisão racional, que é decisão do homem no indivíduo. Mas a liberdade não poderia ser real senão num mundo da razão, num mundo já (ou seja, historicamente) organizado, na família, na sociedade, no Estado.

***

Para a análise dessas formas concretas da vida moral, não vamos seguir, como fizemos até aqui, o desenvolvimento hegeliano. Sabe-se como este se dá: na família, o homem deixa de ser abstrato; membro de uma unidade vivente, o indivíduo, no sentimento de amor confiante, leva uma existência concreta que é existência livre, porque existência no consentimento. Mas a família, tendo seus fundamentos em parte na natureza, no dado imediato da individualidade biológica e do acaso da afeição pessoal, não perdura, e a morte dos pais transforma o filho adulto em *pessoa privada* que persegue seus próprios fins. Este indivíduo *trabalha* e, trabalhando, se socializa, sendo o trabalho a mediação social entre o homem e a natureza. A propriedade cede assim lugar à fortuna familiar, e esta se funda na fortuna social, na qual a pessoa participa por sua fortuna pessoal: assim, a sociedade se organiza por e para e no trabalho: *estado* (*Stand*) dos que trabalham em contato imediato com a natureza (agricultura), estado dos que vivem pelo trabalho transformando e distribuindo (indústria, comércio), estado dos que organizam o trabalho social e que são liberados de todo trabalho no sentido primeiro e segundo, seja pela fortuna pessoal, seja pelo tratamento que lhe dispensa a sociedade. Esses estados são fixos, mas, se a sociedade em que ele vive é livre, o indivíduo, cada indivíduo pode ter acesso a cada um deles segundo sua capacidade.

É ainda a sociedade (que Hegel também chama, para opô-la ao Estado da liberdade e da razão – ver-se-á por quê –, de Estado da necessidade e do entendimento – *Notund Verstandesstaat*) que criou a primeira organização conscientemente desenvolvida: o sistema judiciário resolve os conflitos entre as pessoas privadas, a polícia protege os interesses de todos os indivíduos, as corporações organizam as formas particulares de trabalho.

Passemos rapidamente por esta parte, de um lado porque temos pressa de chegar à teoria do Estado, e de outro porque voltaremos aos problemas da sociedade a partir da concepção de Estado: evitaremos assim a objeção clássica segundo a qual tudo o que é afirmado da sociedade na *Filosofia do Direito*, ainda que pudesse ser aprovado, não tem consequência, porque a teoria do Estado virá suprimir o que a precede. O que se deve pensar desta objeção, já o dissemos mais acima.[1] Mas será mais seguro não nos expormos ao risco constituído por uma tradição bem estabelecida e enfrentarmos antes de tudo o Estado hegeliano.

"O Estado", diz Hegel, "é a realidade da ideia moral (*sittliche Idee*), o espírito moral enquanto vontade revelada, clara para si mesma, substancial, que se pensa e se sabe e

---

[1] P. 33 e 51 ss.

que executa o que sabe e enquanto o sabe. Ele tem existência imediata nos costumes e na tradição (*Sitte*), existência mediatizada na consciência-de-si do indivíduo, no saber e na atividade deste, e o indivíduo, pela convicção (*Gesinnung*), possui sua liberdade substancial nele (i.e., no Estado), que é sua essência, fim e produto de sua atividade."²

"O Estado, enquanto realidade da vontade substancial, realidade que ele possui na consciência particular elevada à sua universalidade, é o racional em e para si. Esta unidade substancial é fim em si (*Selbstzweck*) absoluto e imóvel, (fim) no qual a liberdade atinge seu direito mais elevado, da mesma maneira que esse fim último (*Endzweck*) possui o direito mais elevado com respeito aos indivíduos, cujo dever supremo é ser membros do Estado."³

Todo o essencial está contido nesses dois parágrafos. A ideia moral, existente na família e na sociedade, só se revela como *pensamento* no Estado. O homem privado age, mas sua ação não visa ao universal que, no entanto, ela realiza: o membro da sociedade trabalha, e, trabalhando para si mesmo, trabalha para todo o mundo; mas ele ignora que seu trabalho é o universal, e por conseguinte o mundo do trabalho é um mundo *exterior* a seus habitantes, um mundo que se faz sem querer se fazer. No Estado, a razão está presente; pois o cidadão é "a consciência particular elevada à sua universalidade", e o Estado é a vontade

---

² *"Der Staat ist die Wirklichkeit der sittlichen Idee – der sittliche Geist als der offenbare, sich selbst deutliche, substanzielle Wille, der sich denkt und weiss und das, was er weiss und insofern er es weiss, vollführt. An der* Sitte *hat er seine unmittelbare, und an dem* Selbstbewusstsein *des Einzelnen, dem Wissen und Tätigkeit desselben seine vermittelte Existenz, sowie dieses durch die Gesinnung in ihm, als seinem Wesen, Zweck und Produkte seiner Tätigkeit, seine* substantielle Freiheit *hat." PhD,* § 257.

³ *"Der Staat ist als die Wirklichkeit des substanziellen* Willens, *die er in dem zu seiner Allgemeinheit erhobenen besonderen* Selbstbewusstsein *hat, das an und für sich* Vernünftige. *Diese substantielle Einheit ist absoluter unbewegter Selbstzweck, in welchem die Freiheit zu ihrem höchsten Recht kommt, sowie dieser Endzweck das höchste Recht gegen die Einzelnen hat, deren* höchste Pflicht *es ist, Mitglieder des Staats zu sein." PhD,* § 258.

do homem enquanto ele quer racionalmente, enquanto ele quer (lembremo-nos da definição hegeliana) a vontade livre. E isso sem nenhuma hipóstase mítica ou mágica: este Estado tem realidade na consciência dos indivíduos, das *pessoas*, que, por esta consciência mesma, deixam de ser pessoas puramente privadas. O Estado é real no sentimento patriótico de seus cidadãos, assim como o cidadão é concretamente livre ao reconhecer no Estado a liberdade concreta, ou seja (pois é a mesma coisa), o campo da ação racional: só o Estado tem fins ao mesmo tempo conscientes e universais; ou melhor, por sua essência, ele tem mais que fins – tem um só fim, o fim acima do qual nenhum fim é pensável: a razão e a realização da razão, a liberdade.

Se, ao que parece, o sentido das afirmações hegelianas é claro, ele, porém, ao menos pareceu amiúde ameaçador. O Estado é a razão realizada; enquanto razão realizada, ele é a liberdade positiva acima da qual nenhuma liberdade concreta é pensável; contra o Estado não há senão a opinião, o desejo individual, as platitudes do entendimento: que resta do que ordinariamente se entende por liberdade? Pouca coisa, dir-se-á. A vontade individual já não conta, ao menos se a vontade individual é o que ela crê ser. A consciência moral é *aufgehoben*, sublimada, realizada, mantida, tudo o que se quiser, mas ela também deixou de ser a instância suprema.

***

Nada talvez seja mais apto para ilustrar neste ponto a atitude de Hegel que sua teoria da relação entre o Estado e a religião. A religião, com efeito, afirma que a Verdade reside nela, que todo ato humano está sob a jurisdição de seu tribunal, que a fé, o coração e a consciência não podem reconhecer nenhum juiz terrestre. A analogia entre os problemas religiosos e os morais é impressionante.

É evidente que não poderíamos entrar aqui na discussão da posição religiosa de Hegel.[4] Se ele foi cristão ou ateu, isso

---

[4] A luta entre os hegelianos "de esquerda" e os "de direita" continua nos nossos dias. Cf. para a interpretação "ateia", Kojève, *loc. cit.*; para a interpretação

é antes de tudo uma questão de ordem biográfica. A resposta é, então, simples: não há nenhuma razão para pôr em dúvida a sinceridade de suas declarações, repetidas em todas as suas obras, em cada novo prefácio às edições da *Enciclopédia*, em suas sinopses, em suas cartas aos amigos e ao ministério. Pode-se por conseguinte dizer que seu cristianismo não é o bom, pode-se defender que seu sistema é objetivamente ateu (desde que se dê uma definição conveniente de ateísmo); não é menos verdade que Hegel sempre se considerou cristão e que, sempre, se esforçou por mostrar que nenhuma de suas teses estava em contradição com a fé. Como ele o mantém quando se encontra diante da tarefa de elucidar as relações entre o Estado do pensamento e a religião da liberdade que é para ele o cristianismo?

A solução está contida em dois princípios. O primeiro declara que o cristianismo é a religião da verdade e da liberdade. O segundo rejeita toda teoria da dupla verdade. Se pois tanto o pensamento como a religião cristã têm por conteúdo a liberdade e o valor infinito do indivíduo, não pode haver contradição entre eles.[5] Precisamente, porém, porque o cristianismo é a religião da verdade e da liberdade, ele não só pode mas deve se pensar: enquanto religião, ele se realiza sob a forma de *representação*, de imagem, mas de uma representação que a cada momento admite e requer a transposição para a linguagem do conceito. E, porque o cristianismo é feito de liberdade e de verdade, um Estado que não fosse cristão em seus fundamentos não seria Estado da liberdade.

Mas eis também por que a religião nada tem que ver com o Estado. "O espírito divino deve penetrar o mundano de modo imanente",[6] a religião não deve ser algo separado,

---

"cristã", o livro de H. Niel, *De la Médiation dans la Philosophie de Hegel*, Paris, 1945, e a resenha de M. Kojève do livro de M. Niel (in *Crítique*, vol. I, 1946, p. 339 ss – exposição bastante completa do ponto de vista "ateu") e a de M. Niel sobre o livro de M. Kojève (in *Crítique*, vol. III, 1947, p. 426 ss).

[5] Cf. a longa discussão do problema, *PhD*, § 270, à qual se pode acrescentar a importante nota do § 552 da *Enciclopédia* (3ª ed.).

[6] *"Der göttliche Geist muss das Weltliche immanent durchdringen."* *Enciclopédia*, *loc. cit.* (p. 468 da 2ª ed. Lasson).

transcendente, superior em relação ao Estado, pois este não seria então um Estado cristão.[7] A fé do indivíduo é inviolável, mas somente enquanto ela permanecer fé íntima: a ação pertence a este mundo. "Não é suficiente que a religião prescreva: Dai a César o que é de César e a Deus o que é de Deus; pois se trata precisamente de saber o que pertence a César."[8] Se, pois, houvesse conflito entre os representantes da religião e o Estado – conflito que só poderia ser um conflito superficial, dada a identidade do fundamento –, seria o Estado que teria de decidir: pois é ele que, contra a imagem e o sentimento, representa o pensamento e a razão, que é a realidade (racional) da fé (representativa).

Por isso Hegel, com uma severidade que muito o prejudicou na Prússia "cristianíssima" de Frederico Guilherme IV e dos dois Guilhermes, rejeitou toda e qualquer intervenção da Igreja nos negócios políticos.

"A religião é a relação com o Absoluto em forma de sentimento, de representação, de fé, e em seu centro, que contém tudo, não é senão enquanto acidental que tudo desaparece igualmente..." "Dos que *buscam o Senhor* e se persuadem de tudo possuir *de forma imediata* em sua grosseira opinião, em lugar de se dar ao trabalho de elevar sua subjetividade ao conhecimento da Verdade e ao saber do direito objetivo e do dever, (desses que assim agem) não pode provir senão a destruição de todas as relações morais, necedade e abominação..." É verdade que "o Estado não pode ocupar-se do conteúdo enquanto se relacione com o interior da representação", que "a doutrina tem seu domínio próprio na consciência e se mantém no direito da liberdade subjetiva da consciência-de-si –

---

[7] É em estrita analogia com esta concepção de Estado cristão – que, por cristão, não tem necessidade de controle religioso – que o Estado de direito e da lei não conhece, em Hegel, um poder judiciário como poder constitucional à parte, precisamente porque a lei é a alma deste Estado.

[8] *"Es ist nicht genug, dass in der Religion geboten ist:* Gebt dem Kaiser, was des Kaisers ist, und Gott, was Gottes ist; *denn es handelt sich eben darum zu bestimmen, was des Kaisers sei, d. i. was dem weltlichen Regimente gehöre."* Enciclopédia, ibid.

essa esfera da interioridade que, enquanto tal, não é do domínio do Estado". Mas "o espírito como livre e racional é moral (*sittlich*) em si mesmo... a verdadeira ideia é a razão *real* (*wirklich*), e é ela que existe como Estado". ... "Contra a *fé* e a autoridade (da Igreja) no sujeito da moral concreta, do direito, das leis, das instituições, contra sua *convicção subjetiva*, o Estado é aquele que sabe (*das Wissende*). ... O princípio de sua forma enquanto universal é essencialmente o pensamento".⁹

O Estado é juiz das ações da Igreja e das Igrejas porque ele pensa, porque ele *sabe*. É ele, e só ele, que age em plena consciência; é ele, e só ele, que é a organização da liberdade no mundo: ele *é* esta organização, ele não a *faz*, o que significaria que o Estado seria outra coisa que a organização da ação racional, a razão em ação. Ele é cristão, no sentido de realizar na Terra e racionalmente o que constitui o conteúdo da religião sob a forma da representação e no modo do sentimento.¹⁰

---

⁹ *"Die Religion ist das Verhältnis zum Absoluten* in Form des Gefühls, der Vorstellung, des Glaubens, *und in ihrem alles enthaltenden Zentrum ist alles nur als ein Accidentelles, auch Verschwindendes."*... *"Von denen, die den* Herrn suchen und in ihrer ungebildeten Meinung alles unmittelbar *zu haben sich versichern, statt sich die Arbeit aufzulegen, ihre Subjektivität, zur Erkenntnis der Wahrheit und zum Wissen des objektiven Rechts und der Pflicht zu erheben, kann nur Zertrümmerung aller sittlichen Verhältnisse, Albernheit und Abscheulichkeit ausgehen."* ... *"Auf den Inhalt, insofern er sich auf das Innere der Vorstellung bezieht, kann sich der Staat nicht einlassen."* ... *"Die* Lehre *selbst aber hat ihr Gebiet in dem Gewissen, steht in dem Rechte der subjektiven Freiheit des Selbstbewusstseins, – der Sphäre der Innerlichkeit, die als solche nicht das Gebiet des Staates ausmacht."* ... *"Die Entwicklung... hat erwiesen, dass der Geist, als frei und vernünftig, an sich sittlich ist, und die wahrhafte Idee die* wirkliche *Vernünftigkeit, und diese es ist, welche der Staat existiert."* ... *"Gegen ihren* Glauben *und ihre Autorität über das Sittliche, Recht, Gesetze, Institutionen, gegen ihre* subjektive Ueberzeugung *ist der Staat vielmehr das Wissende."* ... *"Weil das Prinzip seiner Form als Allgemeines wesentlich der Gedanke ist..."* PhD, § 270.

¹⁰ Aí está o fundamento da crítica hegeliana ao catolicismo, que, separando o sagrado do profano, não permite ao Estado compreender-se como a realização da razão. "Pode haver uma relação de não liberdade na forma, ainda que o conteúdo da religião tal como é em si seja o espírito absoluto. ... Na religião católica, este espírito (no qual Deus é conhecido) é rigidamente oposto na realidade (*Wirklichkeit*) ao espírito consciente-de-si. Antes de tudo, na hóstia, Deus é apresentado à adoração religiosa como uma coisa exterior. ... Dessa primeira relação de exterioridade, que é a mais elevada, decorrem todas as demais relações exteriores (que são), portanto, sem liberdade, sem espírito, supersticiosas: o estado dos laicos que recebem do exterior e de outro estado o saber da verdade divina e a direção da vontade e da consciência moral. ... Ademais, o sujeito

O que Hegel diz do *sentimento* religioso vale para a reflexão moral. A supremacia terrestre do Estado decorre de seu conteúdo espiritual: ele realiza soberanamente, porque realiza o espírito e a liberdade, "o valor infinito do indivíduo". Pode haver – já o vimos – Estados tirânicos, Estados injustos, Estados que não atingiram a etapa que é a do espírito de sua época, e veremos como esses Estados serão arrastados ao tribunal da história, para nele ser condenados.

---

renuncia a se dirigir diretamente a Deus e roga a outros que roguem por ele. ... A esse princípio, a esse desenvolvimento da não liberdade no domínio da religião, corresponde no Estado real uma legislação e uma constituição da não liberdade jurídica e moral (*sittlich*) e um estado de coisas feito de injustiça e de imoralidade... A não liberdade da forma, ou seja, do saber e da subjetividade, tem por consequência, no que concerne ao conteúdo moral, que a consciência-de-si não é representada como imanente (i.e., ao conteúdo moral), que ele (i.e., esse conteúdo) é representado como transcendente (*entrückt*) a esta, de modo que é considerado como verdadeiro somente enquanto negativo com respeito à realidade da consciência-de-si. Nesta não verdade, o conteúdo moral se chama 'o sagrado'. Mas, quando o espírito divino se introduz na realidade, quando a realidade é libertada (para ir) para ele, (então) o que deve ser no mundo *santidade* é substituído pela moral concreta (*Sittlichkeit*). ... (Segundo a distinção católica entre o profano e o sagrado), as leis aparecem como obra humana nesta oposição contra o que a religião declara sagrado. ... É por isso que de tais leis (baseadas nos princípios racionais), ainda que seu conteúdo seja verdadeiro, esbarram na consciência moral (católica) cujo espírito difere do espírito das leis e não as sanciona. ... É tão somente no princípio (protestante) do espírito que sabe sua essência, que em si é absolutamente livre e que tem realidade na atividade de sua própria libertação, é tão somente nesse princípio que existem a possibilidade e a necessidade absolutas de que o poder do Estado, a religião e o princípio da filosofia coincidem, que se conclui a reconciliação da realidade enquanto tal com o espírito, do Estado com a consciência moral religiosa e também com o saber filosófico. ... Assim a moral concreta do (*Sittlichkeit*) Estado e o espírito religioso do Estado constituem um para o outro garantias mútuas e sólidas". *Enciclopédia*, 3ª ed., § 552, particularmente p. 466 e 469 (2ª ed. Lasson). – Cf. também *Philosophie der Weltgeschichte*, ed. Lasson, p. 889, 899 ss, e *PhD*, § 270, p. 214 ss.

Segundo Hegel, nenhum compromisso é possível entre a transcendência católica e o Estado moderno, que não é moderno e Estado da razão senão na medida em que realiza na realidade viva o que a religião opõe como princípio transcendental à vida terrestre. Não há, para Hegel, Estado católico *e* racionalmente livre, porque a consciência católica considera o Estado como essencialmente imoral (ou amoral): a liberdade poderá ser imposta a um povo católico, mas, enquanto imposta, não será reconhecida como moral (= realização da liberdade). – Qualquer que seja o julgamento que se faça desta apreciação, ela mostra que Hegel está muito longe de conceber o Estado como aparelho de poder: a autoridade exterior e a falta de uma moral da liberdade caracterizam para ele o Estado *defeituoso*.

Mas a este respeito, em que temos de nos haver com os críticos do "estatismo" e do "relativismo moral", devemos antes de tudo considerar o que Hegel diz de uma teoria legitimista e absolutista, fundada e fundando o conceito de Estado sobre o conceito de poder. A *Filosofia do Direito* consagra uma longa nota ao pensador da Restauração, Carl Ludwig von Haller, que, depois, viria a ser o teórico preferido de Frederico Guilherme IV, esse romântico no trono da Prússia.

Eis pois o texto do parágrafo que exprime com perfeita clareza o que é a razão no Estado:

"Segundo o conteúdo, a razão (*Vernünftigkeit*) consiste aqui concretamente na unidade da liberdade objetiva, ou seja, da vontade substancial e universal, e da liberdade subjetiva enquanto saber do indivíduo e vontade que persegue fins particulares – e eis por que, segundo a forma, ela (i.e., a razão) consiste numa atividade (*Handeln*) que se determina segundo leis e princípios pensados, ou seja, universais."[11]

A liberdade é a lei, enquanto a lei é racional, enquanto ela exprime o conteúdo da vontade individual racional, enquanto ela se apresenta como princípio *pensado*, pensável e que assim pode ser e é reconhecido pelos cidadãos.

Ora, o que afirma Haller? Que a ordem divina ("pensadores" mais modernos da mesma escola falariam de ordem da natureza ou da vida) quer a supremacia do mais forte sobre o mais fraco, do grande sobre o pequeno; que a lei e as leis só fazem falsear essa relação querida por Deus; que, por outro lado, tudo é assim para o melhor, porque o sentimento da própria superioridade eleva o caráter do grande e produz no senhor precisamente as virtudes que são mais favoráveis a seus inferiores. Palavra divina?, responde Hegel; "mas a palavra divina distingue muito expressamente entre suas revelações e

---

[11] *"Die Vernünftigkeit besteht... konkret dem Inhalte nach in der Einheit der objektiven Freiheit, d. i. des allgemeinen substantiellen Willens, und der subjektiven Freiheit als des individuellen Wissens und seines besondere Zwecke suchenden Wilens – und deswegen der Form nach in einem nach gedachten, d. h. allgemeinen Gesetzen and Grundsätzen sich bestimmenden Handelns." PhD*, § 258.

os apotegmas da natureza e do homem natural. ... M. de Haller teria devido lamentar como a mais dura das punições divinas ele ter-se extraviado (da via) do pensamento e da razão, da veneração das leis e do conhecimento (que ensina) que é de importância infinita, que é divino (saber) que os deveres do Estado e os direitos de cidadãos, assim como os direitos do Estado e os deveres dos cidadãos, são determinados *pela lei* – ter-se extraviado a ponto de tomar o absurdo por palavra de Deus. ... O ódio à lei, ao direito fixado pela lei, é o *Schibboleth*[12] que revela e faz conhecer infalivelmente o que são o fanatismo, a idiotice e a hipocrisia das boas intenções".[13]

A essência do Estado é a lei, não a lei do mais forte, a lei do capricho, a lei da "generosidade natural", mas a lei da razão em que todo ser racional pode reconhecer sua própria vontade racional. É verdade que o Estado se apresenta nas esferas do direito privado, da família e até da sociedade do trabalho como uma necessidade exterior, como um poder superior; mas, "por outro lado, ele é seu fim *imanente*, e sua força reside na unidade de seu fim último universal e dos interesses particulares dos indivíduos, no fato de eles terem deveres para com ele na medida em que, ao mesmo tempo, têm direitos. ... Escravos não têm deveres, porque eles não têm direitos, e vice-versa".[14]

---

[12] Cf. Jz 12,5-6.

[13] *"Das Wort Gottes unterscheidet vielmehr seine Offenbarungen von den Aussprüchen der Natur und des natürlichen Menschen sehr ausdrücklich."*... *"Hr. v. H. hätte es aus Religiosität vielmehr als das härteste Strafgericht Gottes beweinen müssen, – denn es ist das Härteste, was dem Menschen widerfahren kann, – vom Denken und der Vernünftigkeit, von der Verehrung der Gesetze und von der Erkenntnis, wie unendlich wichtig, göttlich es ist, dass die Pflichten des Staates und die Rechte der Bürger, wie die Rechte des Staats und die Pflichten der Bürger gesetzlich* bestimmt sind, soweit abgekommen zu sein, dass sich ihm das Absurde für das Wort Gottes unterschiebt."... *"Der Hass des* Gesetzes, gesetzlich *bestimmten* Rechts *ist das Schiboleth, an dem sich der Fanatismus, der Schwachsinn und die Heuchelei der guten Absichten offenbaren und unfehlbar zu erkennen geben."* PhD, § 258, nota no fim do §.

[14] *"Andrerseits ist er ihr* immanenter *Zweck und hat seine Stärke in der Einheit seines allgemeinen Endzwecks und des besonderen Interesses der Individuen, darin, dass sie insofern* Pflichten *gegen ihn haben, als sie zugleich Rechte haben. ... Sklaven haben deswegen keine Pflichten, weil sie keine Rechte haben; und umgekehrt."* PhD, § 261.

O que inquieta o sentimento contemporâneo (dizemos bem: sentimento) é esse laço instituído entre liberdade e razão, a tese segundo a qual não há liberdade política fora da razão, que as preferências e as *convicções* individuais, em sua individualidade, em sua não universalidade, em sua pretensão a uma liberdade *contra* a razão, não podem ser reconhecidas pelo Estado. Mas o fato é que a *convicção* diz ao, mesmo tempo, que ela constitui a lei moral e que ela pode se enganar: nada importa além do fato de eu ter reconhecido tal máxima, tal princípio, e, no entanto, se eu não quero cair num ceticismo, num niilismo absolutos, eu direi, ao mesma tempo, que minha convicção *pode* ter um conteúdo errôneo. Ora, o Estado não pode contentar-se com convicções, boas ou más, porque ele é a realidade da vida organizada:

"A consciência está sujeita a esse julgamento que pergunta se ela é verdadeira (*wahrhaft*) ou não, e o recurso da consciência moral à sua ipseidade (*sein Selbst*) está em oposição imediata com o que ela quer ser, a saber, a regra de ação racional, válida em e para si, universal. Aí está por que o Estado não pode reconhecer a consciência moral em sua forma específica, ou seja, como saber subjetivo, assim como na ciência não têm validade a opinião, a (simples) afirmação e o fato de apelar a uma opinião subjetiva."[15] Pois "aquele que quer agir nesta realidade (de um mundo real) já se submeteu por isso mesmo às leis desta e reconheceu o direito da objetividade".[16]

O Estado e qualquer outra organização não podem conformar-se com a consciência moral, com a livre apreciação, com a convicção pessoal: não porque a construção filosófica padeceria com isso, mas porque de outra forma já não haveria

---

[15] "*Das Gewissen ist daher diesem Urteil unterworfen, ob es* wahrhaft *ist oder nicht, und seine Berufung nur* auf sein Selbst *ist unmittelbar dem entgegen, was es sein will, die Regel einer vernünftigen, an und für sich gültigen allgemeinen Handlungsweise. Der Staat kann deswegen das Gewissen in seiner eigentümlichen Form, d. i. als* subjektives Wissen *nicht anerkennen, so wenig als in der Wissenschaft die subjektive* Meinung, *die* Versicherung *und* Berufung *auf eine subjektive Meinung, eine Gültigkeit hat.*" PhD, § 137.

[16] "*Wer in dieser Wirklichkeit handeln will, hat sich* eben damit *ihren Gesetzen unterworfen, und das* Recht *der Objektivität anerkannt.*" PhD, § 32.

Estado. A liberdade só pode ser enunciada do Estado; é ele que é ou não é a realização da liberdade: a liberdade do indivíduo, na medida em que ele se recusa a reconhecer o universal e a objetividade da lei, na medida em que ele quer manter-se em sua individualidade enquanto ela não é senão subjetiva, não é nada mais que o arbitrário.

Contra tal arbitrariedade, o Estado encarna a razão; contra o sentimento e a *representação* e a imagem da fé, ele desenvolve racionalmente o conteúdo racional da religião; ao vazio da reflexão moral, ele fornece o único conteúdo que dá ao homem a possibilidade de viver moralmente; à tradição viva e vivida, ele dá a consciência-de-si que lhe faltava. É que o Estado é razão na e pela lei – não por uma lei transcendente e misteriosa, mas por suas leis, por seu regulamento universal dos assuntos particulares, pelo pensamento que ele consagra à elaboração cada vez mais pura dos princípios de uma existência livre, de uma forma de comunidade que dá satisfação a todo cidadão pensante, a todo homem *instruído e civilizado* (*gebildet*)[17] e que deixou tanto a grosseria do desejo imediato como a passividade do puro sacrifício para se elevar ao pensamento racional (*verständig*) da interdependência dos interesses: o Estado é livre se o cidadão racional pode encontrar nele a satisfação de seus desejos e de seus interesses racionais, dos interesses que enquanto ser pensante ele pode justificar diante de si mesmo, se o cidadão reconhece nas leis do Estado a expressão dos sentimentos e da tradição que o guiaram (ainda quando ele não o tivesse sabido), se essas leis não são justas tão somente do ponto de vista de um tirano esclarecido, mas se elas podem e devem ser reconhecidas como tais por todos os que querem a justiça, pelos que buscam sua libertação de todo dado imediato, incluído seu próprio caráter empírico, natural, dado, pelos que compreenderam que o homem natural não é livre, que só o ser racional, universal, pode sê-lo. O Estado é racional porque ele fala universalmente, por todos

---

[17] Cf. *PhD*, § 187.

e por cada um, em suas leis, e porque todos e cada um encontram reconhecido por suas leis o que constitui o sentido, o valor, a honra de sua existência.

Pode-se rejeitar a razão, assim como se *pode* afirmar qualquer coisa; apenas, fica-se assim privado do meio de convencer e de refutar, do meio de falar racionalmente do Estado. Alguém pode optar pela paixão contra a vontade, pela arbitrariedade contra a liberdade: será preciso apenas ser consequente (se se quer discuti-lo) e admitir que, de sua parte, se opõe ao Estado, a qualquer Estado, que assim se destrói toda organização e toda liberdade positiva, toda liberdade de agir, de planejar, de realizar e de se satisfazer pela ação racional, que é a organização racional da comunidade e das comunidades dos homens.[18]

---

[18] Gostaríamos, uma vez mais, de remeter a Malinowski, *loc. cit.*, onde se encontrará uma excelente crítica da concepção negativa de liberdade e uma ótima exposição da liberdade "positiva", ambas fundadas numa reflexão científica que se torna filosófica apesar dela mesma e sem que se perceba.

4. A Constituição

Será preciso, portanto, admitir que o Estado hegeliano se funda sobre a liberdade e age em vista da liberdade; que, para citar a palavra de um dos discípulos imediatos do filósofo, a *Filosofia do Direito* "inteira é feita do único metal da liberdade".[1]

Já dissemos que o retrato tradicional de Hegel como pensador político não corresponde à realidade: não é preciso agora ir mais longe e dizer que esse retrato curiosamente tem pouca semelhança com o original, menos ainda que uma dessas caricaturas que deixam reconhecê-lo sob traços deformados, mas que, menos acentuados, mais orgânicos, se encontram na face viva? E, se assim é, não é preciso buscar as razões desse fato tão curioso, quanto mais não seja para saber qual é a parte de responsabilidade do próprio Hegel no Ocidente?

Uma das razões é fácil de apontar: Hegel viu na Prússia de 1815-1820 uma realização (mais ou menos imperfeita – a questão permanece aberta) do Estado da liberdade. Ora, afirma-se, a Prússia de Frederico-Guilherme IV, a de Guilherme I e de Bismarck (em outras palavras, a que ganhou forma após a morte de Hegel) não era, certamente, um Estado da liberdade. Logo, Hegel adorou o Estado autoritário, qualificando-o

---

[1] E. Gans, citado por Haym, *loc. cit.*, p. 369.

equivocadamente, e para as necessidades da causa, de Estado da razão. O paralogismo, fruto de um anacronismo, é evidente e compreensível.

Mas não é um pouco grande demais esse paralogismo? Não haveria nada nas regras particulares desse direito constitucional que tivesse contribuído para justificar os ataques que prosseguem desde 1840, no máximo desde 1848, até os nossos dias? Esses ataques não se justificariam por contradições entre o princípio as aplicações? Que é pois concretamente o Estado de Hegel?

Eis: este Estado é uma monarquia, mais precisamente uma monarquia constitucional, fortemente centralizada em sua administração, largamente descentralizada no que concerne aos interesses econômicos, com um corpo de funcionários profissionais, sem religião de Estado, absolutamente soberana tanto no interior quanto no exterior. Em suma, é o Estado moderno tal como existe ainda hoje em dia em todas as partes, com uma exceção apenas, na verdade importante aos olhos de Hegel: o princípio monárquico. Falaremos dele; mas, previamente, tentemos precisar o que Hegel compreende pela palavra "constituição".

Os juristas europeus do século XIX nos acostumaram a considerar, segundo as ideias das revoluções americana e francesa, a constituição como um ato jurídico, um documento redigido após deliberação, discussão, voto, seja do povo, seja de seus representantes, seja de ambos. Nada disso se encontra em Hegel:

"Dado que o espírito só é real como o que se sabe ser e que o Estado, enquanto espírito de um povo, é ao mesmo tempo a lei que penetra todas as suas relações (interiores), a tradição (*Sitte*) e a consciência de seus indivíduos, a constituição de dado povo depende em princípio (*überhaupt*) da maneira de ser (*Weise*) de do grau de formação intelectual e moral (*Bildung*) da consciência-de-si desse povo; é nesta consciência-de-si que reside sua liberdade subjetiva (i.e., desse povo) e, com ela, a realidade (*Wirklichkeit*) da constituição. Querer dar a um povo uma constituição *a priori*, ainda que o conteúdo dela fosse mais ou menos razoável, tal ideia (*Einfall*) negligenciaria precisamente o momento pelo qual esta constituição seria mais que uma visão do Espírito (*Gedankending*). Assim, todo povo possui a constituição que é à sua medida e que lhe corresponde."²

Dar constituições, prescrever para uma nação por mandado o que deve ser para ela a saúde, tal é uma tentação a que é difícil resistir. Dado porém que a liberdade não pode realizar-se senão na medida em que está presente na consciência que o povo formou de si mesmo; dado que, mais simplesmente, todo grupo de homens requer o que ele deseja e não o que ele deveria desejar; dado que o Estado só se organiza sobre o fundamento do patriotismo concreto, do sentimento real de seus cidadãos, sentimento realmente preenchido de conteúdo; dado tudo isso, uma realização menor da razão e da liberdade, ou seja, uma realização que pareça menor a quem julga do ponto de vista de uma liberdade mais plenamente realizada, talvez seja a única realização possível.

"Que deve fazer a constituição? Esta questão parece clara, mas, vista de mais perto, mostra-se absurda. Pois ela pressupõe que não haja constituição, mas somente uma multidão de átomos individuais reunidos. De que maneira uma multidão de pessoas chega a ter uma constituição: por si mesma ou do exterior, por bondade, por pensamento, pela força? Esta é uma preocupação que se deveria deixar para esta multidão; mas o conceito não é assunto de uma multidão. Mas, se esta

---

² "*Da der Geist nur als das wirklich ist, als was er sich weiss, und der Staat, als Geist eines Volkes, zugleich das* alle seine Verhältnisse *durchdringende Gesetz, die Sitte und das Bewusstsein seiner Individuen ist, so hängt die Verfassung eines bestimmten Volkes überhaupt von der Weise und Bildung des Selbstbewusstseins desselben ab; in diesem liegt seine subjektive Freiheit, und damit die Wirklichkeit der Verfassung. Einem Volke eine, wenn auch ihrem Inhalte nach mehr oder weniger vernünftige Verfassung a priori geben zu wollen, – dieser Einfall übersähe gerade das Moment, durch welches sie mehr als ein Gedankending wäre. Jedes Volk hat deswegen die Verfassung, die ihm angemessen ist und für dasselbe gehört.*" PhD, § 274.

questão pressupõe uma constituição existente, então *fazê-la* não significa mais que uma modificação."[3]

Não há, pois, início para a história constitucional, não há estado de coisas anterior ao contrato social; os homens sempre vivem numa sociedade organizada, constituída, e a constituição é uma realidade anterior a toda e qualquer teoria. Ali onde existe um documento constitucional (a Grã-Bretanha vive, ainda hoje, sem tal documento), ele pode ser mais ou menos bem redigido, mais ou menos claramente; não haverá força que não corresponda à constituição real, histórica, à constituição da nação: antes de tudo, é preciso tomar a palavra *constituição* no sentido que ela tem em fisiologia.[4]

Sendo embora realidade histórica e viva, e por causa disso, a constituição não é impenetrável pela ciência. Pois ela é organização da liberdade, organização racional, e o fato de a constituição de tal Estado estar e até mesmo dever estar abaixo do nível atingido pelo pensamento da época, não se opõe de modo algum a isso. Basta e é necessário saber o que é no momento da história a constituição de um Estado livre. Poder-se-á admitir que o ponto mais alto não é atingido em todos os lugares; mas nunca será senão a partir dele que os níveis mais baixos podem ser compreendidos. É por aí que é preciso começar.

"O Estado é a realidade (*Wirklichkeit*) da liberdade concreta; ora, a liberdade concreta tanto consiste em que a pessoa individual (*persönliche Einzelnheit*) com seus interesses particulares encontra seu desenvolvimento total e o reconhecimento de seu direito-para-si – no sistema da família e da

---

[3] *"Wer die Verfassung machen soll? Diese Frage scheint deutlich, zeigt sich aber bei näherer Betrachtung sogleich sinnlos. Denn sie setzt voraus, dass keine Verfassung vorhanden, somit ein blosser atomistischer* Haufen *von Individuen beisammen sei. Wie sein Haufen, ob durch sich oder andere, durch Güte, Gedanken oder Gewalt, zu einer Verfassung kommen würde, müsste ihm überlassen bleiben, denn mit einem Haufen hat es der Begriff nicht zu tun. – Setzt aber jene Frage schon eine vorhandene Verfassung voraus, so bedeutet das* Machen *nur eine Veränderung."* PhD, § 273.

[4] A ideia vem de Montesquieu, a quem Hegel, ademais, se refere expressamente. Cf. *PhD*, § 3 (*loc. cit.*, p. 21).

sociedade civil – quanto consiste, de um lado, em que eles (os indivíduos e seus interesses) passam (*übergehen*) por si mesmos ao interesse do universal e, do outro lado, em que (eles) reconhecem com seu saber e sua vontade o universal e (o reconhecem) como seu próprio espírito substancial e agem em vista do universal como de seu fim último, de maneira que o universal não valha e não seja cumprido sem o interesse, o saber e o querer particulares, e os indivíduos não vivam para este último (i.e., o interesse particular) como (simples) pessoas privadas... O princípio dos Estados modernos possui esta imensa força, esta profundidade de permitir ao princípio da subjetividade aperfeiçoar-se para se tornar o extremo, e o extremo autônomo, da particularidade pessoal, e restabelecê-lo (i.e., o princípio da subjetividade) na unidade substancial e conservar assim esta unidade substancial em si mesmo."[5]

O Estado moderno tem pois de particular o fato de os cidadãos não serem seus submissos, os *subditi*, de a razão e a organização não se apresentarem a eles como uma vontade estranha e incompreensível, mas serem eles mesmos quem, sem abandonar sua individualidade ou seus interesses concretos, reconhece no universal objetivo o remate desta individualidade e desses interesses, assim como o Estado não é real somente na vontade do senhor (ou dos senhores): em suma, o Estado moderno difere por sua essência do Império Romano, onde o cidadão é reconhecido pelo Estado como indivíduo livre ("pessoa privada"), mas onde o indivíduo não toma parte do Estado, que é real e presente apenas na

---

[5] *"Der Staat ist die Wirklichkeit der konkreten Freiheit; die konkrete Freiheit aber besteht darin, dass die persönliche Einzelnheit und deren besondere Interessen sowohl ihre vollständige Entwickelung und die Anerkennung ihres Rechts für sich (im Systeme der Familie und der bürgerlichen Gesellschaft) haben, als sie durch sich selbst in das Interesse des Allgemeinen teils übergehen, teils mit Wissen und Willen dasselbe und zwar als ihren eigenen substantiellen Geist anerkennen und für dasselbe als ihren Endzweck tätig sind, so dass weder das Allgemeine ohne das besondere Interesse, Wissen und Wollen gelte und vollbracht werde, noch dass die Individuen bloss für das letztere als Privatpersonen leben. ... Das Prinzip der modernen Staaten hat diese ungeheuere Stärke und Tiefe, das Prinzip der Subjektivität sich zum selbständigen Extreme der persönlichen Besonderheit vollenden zu lassen und zugleich es in die substantielle Einheit zurückzuführen und so in ihm selbst diese zu erhalten."* PhD, § 260.

pessoa do imperador (sem falar da existência dos escravos, seres humanos que não são homens diante da lei). O Estado moderno não é uma organização que inclua os cidadãos, ele é *sua* organização.

***

Se nós visamos a uma análise do pensamento hegeliano em sua unidade profunda, seria o momento de falar do conceito fundamental de *satisfação*. É ela que constitui o motor último da história humana: ela confere a esta história seu termo, que será atingido quando cada indivíduo for *reconhecido* como valor absoluto por qualquer outro indivíduo e por todos os indivíduos, quando, para recordar outro termo, a *mediação* for total entre os homens (e entre os homens e a natureza).[6] Aqui, devemos contentar-nos com esta simples alusão; ela bastará para fazer compreender em que sentido o Estado moderno dá a seus cidadãos satisfação: cada indivíduo se sabe reconhecido, cada indivíduo é e *se sabe* membro ativo da comunidade e sabe, ademais, que ele é conhecido e reconhecido como tal por todos os outros e pelo próprio Estado.

Esse princípio dá a Hegel a possibilidade de desenvolver, a partir do conceito de liberdade, a organização concreta do Estado. Dado que o interesse particular dos indivíduos se realiza no Estado, dado que os indivíduos só têm deveres na medida em que possuam direitos, pode-se indicar como o próprio Estado, unidade de organização racional, se organiza racionalmente.

Que é preciso para isso? Antes de tudo, um poder que determine o universal universalmente: o poder legislativo; em seguida, o poder que subsume o caso particular sob a regra universal, que aplica as leis e os princípios, que decide na realidade de todos os dias: o poder administrativo; enfim; a autoridade

---

[6] Para os conceitos de *reconhecimento* (*Anerkennung*) e de *satisfação* (*Befriedigung*), ver a análise feita por Kojève, *loc. cit.*, seguindo os textos da *Fenomenologia do Espírito*.

que formula a vontade empírica, que, após a deliberação, após a discussão, após o conflito de interesses e de doutrinas, diga seu *fiat*: o poder decisório, o soberano, o príncipe.

É esse último elemento da constituição hegeliana que mais o prejudicou no decorrer do último século e no início do nosso. Como se pode ser monarquista? Certamente, escusas históricas não faltam: a época em que o pensamento hegeliano se formou viu o fracasso do princípio republicano; as duas grandes revoluções, a da Inglaterra e a da França, terminaram em restaurações monárquicas, e pelo ano de 1820 não se encontra na Europa nenhuma república de alguma importância (a Suíça e as cidades hanseáticas não devem sua independência senão à inveja das potências). Mas a tese hegeliana tem o direito de ser julgada no plano que ela afirma ser o seu, o da razão. E, fato surpreendente, ela é forte quando considera assim. Pois o que é o príncipe? O indivíduo que decide. Como decide ele? Certamente não enquanto vontade particular, determinando-se por um interesse particular, nem, menos ainda, de forma arbitrária. Se o fizesse, não seria um príncipe, mas um tirano:

"O despotismo em geral é o Estado de ausência de leis, no qual a vontade particular enquanto tal, seja a vontade do príncipe ou a de um povo (oclocracia), tem força de lei ou antes tem força em lugar da lei."[7]

O príncipe, como todos os poderes do Estado, representa o universal: e, como os outros, ele representa um momento distinto, uma função essencial, mas que não deve ser compreendida como independente das outras, nem, menos ainda, como essencialmente oposta às outras, desconfiando delas, lutando com elas por ter influência. Ele exprime a soberania que nele se torna concreta, presente no mundo, e ela não pode tornar-se tal senão segundo a lei deste mundo: real como indivíduo humano.

---

[7] *"Der Despotismus bezeichnet überhaupt den Zustand der Gesetzlosigkeit, wo der besondere Wille als solcher, es sei nun eines Monarchen oder eines Volks (Ochlokratie), als Gesetz oder vielmehr statt des Gesetz gilt."* PhD, § 278.

Hegel deduz daí a superioridade da monarquia hereditária: e esta é talvez a única concessão de alguma importância que ele fez à opinião oficial de sua época; pois, em direito, a dedução filosófica só prova a necessidade de uma individualidade concreta como encarnação da vontade que decide. Ele pensou na dificuldade de subtrair o "chefe de Estado" às influências particulares, necessariamente fortes se ele chega à função mais alta por meio de eleição – é o argumento que ele dá à margem do argumento ontológico.[8] Mas sobretudo – e esta é a nosso ver a verdadeira razão – o príncipe hegeliano só tem por função essencial representar a continuidade, quase biológica, do Estado.[9]

Seja o que for o princípio hereditário, os críticos esquecem facilmente que não há Estado sem representante individual da soberania. Dir-se-á que o representante não desempenha um papel muito importante, que o presidente na maior parte das repúblicas, o rei na Grã-Bretanha e nas outras monarquias europeias de nossos dias só têm o primeiro lugar pela forma. Mas em que consiste o papel do príncipe hegeliano na prática? Certamente, ele é soberano: é ele que decide em última instância, que indulta os criminosos, que é o chefe do exército, que declara guerra, que assina as leis, que resolve as divergências entre seus conselheiros, que ele nomeia livremente. Mas seria preciso afastar tudo o que Hegel disse do Estado para crer que esses poderes extremamente estendidos possam ser empregados sem o consentimento e contra o interesse da nação; antes, eles não podem ser empregados senão em vista do que a nação compreende como seu interesse. Não é o príncipe que apresenta os problemas, não é o príncipe que elabora as soluções possíveis, nem sequer é ele que escolhe efetivamente entre essas soluções, porque para essa é necessário ainda o parecer de seus conselheiros.

---

[8] Cf. *PhD*, § 281, em particular a explicação.
[9] É o que se estaria tentado a concluir da ênfase dada por Hegel ao fator da *Natürlichkeit* (do devir e do ser naturais) em *PhD*, § 280.

E, para que não se veja nesta interpretação uma alegação hábil, mas especiosa, eis o que Hegel diz sobre a questão em um de seus cursos sobre a *Filosofia do Direito* (palavra que os realistas românticos jamais lhe perdoaram):

"Numa organização perfeita do Estado, trata-se (i.e., no que concerne ao rei) somente de uma ponta da decisão formal e de uma firmeza natural em relação às paixões. Não se tem pois razão de exigir qualidades objetivas do príncipe. Só se tem de dizer "sim" e pôr o pingo nos *is*. Pois esta ponta deve ser tal, que não seja a particularidade do caráter o que importa."[10]

Isso mostra, talvez, que Hegel foi mais radical em seus cursos que em suas publicações; isso prova certamente, justamente na medida em que não acrescenta nada aos textos entregues para impressão, que o príncipe não é o centro nem a engrenagem principal do Estado. O rei decide; mas não é ele quem decide quando nem quanto a que é preciso decidir. Ele pode dizer "não"; mas não cabe a ele inventar, criar, governar. A quem cabe isso?

Chegamos assim a um ponto muito mais incômodo para quem quiser tomar a defesa de Hegel contra as ataques dos liberais. Pois, se há um ponto a respeito do qual Hegel se pronunciou sem ambiguidade, foi exatamente sua recusa da soberania popular. Certamente, diz ele, o termo não é destituído de sentido; mas é inútil, e até perigoso, quando se quer compreender a organização do Estado e compreender em que consiste a ação política.

"Pode-se falar de soberania popular no sentido em que um povo forma para o exterior uma entidade autônoma e

---

[10] Adendo ao § 280, *PhD* (*loc. cit.*, p. 360 ss): *"So ist eben die Voraussetzung hier nichtig, dass es auf die Besonderheit des Charakters ankomme. Es ist bei einer vollendeten Organisation des Staats nur um die Spitze formellen Entscheidens zu tun und um eine natürliche Festigkeit gegen die Leidenschaft. Man fordet daher mit Unrecht objektive Eigenschaften an dem Monarchen; er hat nur Ja zu sagen, und den Punkt auf das I zu setzen. Denn die Spitze soll so sein, dass die Besonderheit des Charakters nicht das Bedeutende ist."*

um Estado que lhe é próprio... Pode-se igualmente dizer da soberania interior que ela reside no povo, se se considera suficiente falar do todo em geral, no sentido, mostrado antes, de que a soberania corresponde ao Estado. Mas a soberania popular considerada em oposição à soberania que existe no príncipe... é uma dessas ideias confusas que se fundam na imaginação grosseira e rude (*wüste Vorstellung*) que se tem do povo. O povo, considerado sem seu príncipe e sem a organização do todo que se liga a ele necessariamente e imediatamente, é a massa informe que já não é um Estado e à qual já não corresponde nenhuma das determinações que só existem no todo formado nele mesmo – soberania, governo, tribunais, autoridades, estados representativos."[11]

Que significa esse texto? À primeira vista, ele parece indicar que o povo (no sentido corrente do termo na discussão política contemporânea) não desempenha nenhum papel na constituição do Estado ou na ação política. Que ele não é nada disso, a simples lembrança do que dissemos da constituição livre bastará para mostrá-lo: a constituição só é *moderna* ali onde cada cidadão possua direitos proporcionais a seus deveres, onde cada um saiba que trabalhando para o todo trabalha para si mesmo. De resto, a análise da organização do Estado, para a qual logo nos voltaremos, o provará abundantemente. Por que, então, Hegel formula esta crítica tão severa? Por desconfiança com relação aos movimentos revolucionários, sem dúvida alguma. Mas, se tentarmos precisar qual é a revolução contra a qual Hegel se dirige, veremos que é a do nacionalismo,

---

[11] "Volkssouveränetät *kann in dem Sinn gesagt werden, dass ein Volk überhaupt* nach aussen *ein Selbständiges sei und einen eigenen Staat ausmache.* ... *Man kann so auch von der* Souveränetät nach innen *sagen, dass sie im* Volke *residiere, wenn man nur überhaupt vom* Ganzen *spricht, ganz so wie vorhin gezeigt ist, dass dem* Staate Souveränetät *zukomme. Aber Volkssouveränetät als im* Gegensatze gegen die im Monarchen existierende Souveränetät ... *gehört ... zu den verworrenen Gedanken, denen die* wüste Vorstellung des Volkes *zugrunde liegt. Das Volk, ohne seinen Monarchen und die eben damit notwendig und unmittelbar zusammenhängende* Gegliederung *des Ganzen genommen, ist die formlose Masse, die kein Staat mehr ist und der keine der Bestimmungen, die nur in dem* in sich geformten Ganzen *vorhanden sind, – Souveränetät, Regierung, Gerichte, Obrigkeit, Stände und was es sei, – mehr zukommt." PhD,* § 279. – Sabe-se que neste ponto (como em tudo o mais) o nacional-socialismo defendeu o contrário da doutrina hegeliana.

mais precisamente a do nacionalismo grão-alemão, o mesmo que desencadeou o movimento de 1848 e que conseguiu uma primeira vitória, parcial, com Bismarck, para conseguir outra, total e passageira, com Hitler. Se não resultasse dos textos de Hegel que qualquer outra interpretação é impossível,[12] as observações exasperadas dos críticos modernos de Hegel o fariam ver: desde o primeiro desses críticos, Haym, até o mais recente, Rosenzweig, que acusa a ideia hegeliana de ser "dura e estreita" e reconhece que ele tinha esperado, em 1914, que "a estreiteza sufocante do Reich de Bismark" daria lugar a um Reich que respirasse o ar livre do mundo inteiro",[13] todos estão de acordo em reconhecer em Hegel o inimigo da ideia grã-alemã: é que os liberais da Alemanha do século XIX, os pais do II Reich, são antes de tudo nacionalistas.[14] Para eles – e o mesmo valerá para o nacional-socialismo – o povo se dá um Estado. Para Hegel, o Estado e a história (os dois não se separam para ele, uma vez que um povo saiu da barbárie) é que formam o povo.[15]

No entanto, se temos razão, se a crítica da soberania popular se volta somente contra o nacionalismo étnico, se, em contrapartida, Hegel reconhece ao povo a soberania na medida em que esteja organizado, em que forme um Estado, em que ele sinta neste Estado a mais alta expressão de sua própria vida, será de todo preciso que esta outra soberania se expresse na construção do edifício político. O príncipe expressa e incorpora a soberania: que resta para o povo?

---

[12] Não falamos aqui da "revolução social"; tratá-la-emos a seguir.

[13] Rosenzweig, *loc. cit.*, prefácio, p. XII.

[14] Cf. o que diz Hegel da Alemanha na *Filosofia da História*: "Espiritual segundo sua destinação, a Alemanha não soube dar-se unidade política. Nas suas relações com o exterior, a Alemanha é uma nulidade" (*loc. cit.*, p. 906 ss). – O termo *espiritual* indica que Hegel, como Goethe, vê na fraqueza política da Alemanha sua verdadeira força.

[15] É divertido constatar que Hegel tem completa razão com esta tese – e teve razão em particular no que concerne à unificação da Alemanha, que se fez contra os ideais liberal-nacionais de 1848 pelo servidor da Coroa prussiana que foi Bismarck: foi ele que formou o novo *nacional-liberalismo* do Império.

Resta-lhe o parlamento ou, para empregar o termo hegeliano, os *estados*. O povo delibera, e delibera tal como está constituído na sociedade, ou seja, pelos *estados*: estado do trabalho imediato à natureza que, representado pelos grandes proprietários, forma uma Câmara Alta composta de homens que chegam a ela em virtude de seu nascimento ou de sua propriedade da terra; e o estado da sociedade móvel, representado pelos delegados que agem sob sua responsabilidade pessoal, sem mandato imperativo, apoiados na confiança de seus mandantes; eles são deputados, não necessariamente eleitos, porque não representam indivíduos, mas interesses objetivos, corporações, comunas.

O povo, pois, tem voz. Mas, à primeira vista, não se pode evitar o sentimento de que neste Estado tudo é arranjado de tal modo, que esta voz não possa fazer-se ouvir. E o sistema se torna ainda mais suspeito quando se volta a atenção para o papel que desempenha nesta constituição a administração, o funcionalismo. Pois a autoridade principal que em vão buscamos, que não é possuída pela Coroa, que não pertence à representação popular, ei-la nas mãos do funcionário. É ele que prepara tudo, que apresenta todos os problemas, que elabora todas as soluções. Responsável ante o único chefe de Estado, qualificado por sua formação (garantida por exames de Estado), por seus conhecimentos, por sua experiência nos negócios de Estado, o funcionário é o verdadeiro servidor deste – e seu verdadeiro senhor. Essencialmente objetivo, essencialmente apolítico (no sentido em que essa palavra designa uma tomada de posição de partidário), recrutado sem distinção de proveniência, de fortuna, de condição social, o funcionário não forma um *estado político*, como os agricultores e os membros das outras profissões: como faria ele parte do parlamento, se a função principal das Câmaras é controlar a administração? Mas ele forma um *estado social*, o Estado universal (*allgemeiner Stand*), o mais influente de todos os estados. Não sendo nada politicamente, o funcionalismo é tudo na organização do Estado: é ele que forma o segundo poder, o poder governamental, situado entre o poder soberano e o poder legislativo. É verdade que o príncipe decide, é verdade que as Câmaras votam as leis e regulamentam as questões de alcance universal: mas é a administração que prevalece sobre os dois. Nós não saberíamos dizê-lo mais fortemente do que o próprio Hegel:

"A imaginação que a consciência comum tem antes de tudo... é, sobretudo, mais ou menos a seguinte: os representantes do povo, e até o próprio povo, devem saber melhor o que lhe serve mais, e ele tem, sem dúvida alguma, a maior boa vontade no que concerne ao Bem. ... Ora, o povo, se o termo designa um grupo particular de membros de um Estado, constitui a parte que não sabe o que quer. Saber o que se quer, e até o que quer a vontade que existe em e por si mesma, a razão, isso é fruto de um conhecimento e de uma inteligência profundos, que justamente não são o que caracteriza o povo. Quando se quer refletir, encontrar-se-á que a garantia representada pelos estados para o bem comum e a liberdade pública não se encontra na inteligência (*Einsicht*) particular desses estados – pois os funcionários superiores possuem necessariamente uma inteligência mais profunda e mais vasta da natureza das instituições e das necessidades do Estado e, ademais, uma habilidade e um hábito maiores dos negócios de Estado e *podem* realizar o melhor sem os estados, assim como eles também são continuamente obrigados a fazer o melhor nas reuniões dos estados; esta garantia reside em parte certamente num suplemento de inteligência do lado dos deputados, inteligência sobretudo da atividade dos funcionários que se encontram a certa distância do olhar das autoridades superiores, especialmente inteligência das carências e das necessidades mais urgentes e mais particulares que eles veem concretamente; mas, por outro lado, ela reside no efeito produzido pela expectativa de uma censura de muitos, censura, ademais, pública, (o que faz) que uma maior inteligência seja empregada nos negócios de Estado e nos projetos que devem ser apresentados e que tudo seja conduzido exclusivamente segundo os mais puros motivos. ... Mas, no que concerne à vontade particularmente boa dos estados em vista do bem comum, ... é a visão do populacho e, em geral, o ponto de vista negativo segundo o qual se deve pressupor do lado do governo uma vontade má ou menos boa, pressuposição que... teria por consequência a recriminação de que os estados, provindo da singularidade, do ponto de vista privado e dos interesses particulares, têm tendência a empregar sua atividade em prol desses interesses em detrimento do interesse comum."[16]

A citação é longa, mas tem a vantagem de resumir tudo o que importa quanto ao parlamento e a seu papel no Estado hegeliano. Nada de eleição direta, representação dos interesses da sociedade por delegados que hoje seriam qualificados de corporativos, função parlamentar limitada a dois objetivos: controle da administração (Hegel ainda crê que o controle é exercido mais eficazmente pela hierarquia) e, pela votação das leis, participação dos cidadãos no Estado no sentido em que eles sabem que os negócios de Estado que ficam praticamente

---

[16] *"Die Vorstellung, die das gewöhnliche Bewusstsein ... zunächst vor sich zu haben pflegt, ist vornehmlich etwa, dass die Abgeordneten aus dem Volk oder gar das Volk es am besten verstehen müsse, was zu seinem Besten diene und dass es den ungezweifelt besten Willen für dieses Besten habe. ... So ist vielmehr der Fall, dass das* Volk, *insofern mit diesem Worte ein besonderer Teil der Mitglieder eines Staates bezeichnet ist,* den Teil ausdrückt, *der nicht weiss was er will. Zu wissen, was man will, und noch mehr was der an und für sich seiende Wille, die Vernunft, will, ist die Frucht tiefer Erkenntnis und Einsicht, welche eben nicht die Sache des Volks ist. – Die Gewährleistung, die für das allgemeine Beste und die öffentliche Freiheit in den Ständen liegt, findet sich bei einigem Nachdenken nicht in der besonderen Einsicht derselben – denn die höchsten Staatsbeamten haben notwendig tiefere und umfassendere Einsicht in die Natur der Einrichtung und Bedürfnisse des Staats, sowie die grössere Geschicklichkeit und Gewohnheit dieser Geschäfte und können ohne Stände das Beste tun, wie sie auch fortwährend bei den ständischen Versammlungen das Beste tun müssen, – sondern sie liegt teils wohl in einer Zutat von Einsicht der Abgeordneten, vornehmlich in das Treiben der den Augen der höheren Stellen ferner stehenden Beamten, und insbesondere in dringendere und speziellere Bedürfnisse und Mängel, die sie in konkreter Anschauung vor sich haben, teils aber in derjenigen Wirkung, welche die zu erwartende Zensur Vieler und zwar eine öffentliche Zensur mit sich führt, schon im voraus die beste Einsicht auf die Geschäfte und vorzulegenden Entwürfe zu verwenden und sie nur den reinsten Motiven gemäss einzurichten. ... Was aber den vorzüglich guten Willen der Stände für das allgemeine Beste betrifft, ... so ... gehört (es) zu der Ansicht des Pöbels, dem Standpunkt des Negativen überhaupt, bei der Regierung einen bösen oder weniger guten Willen vorauszusetzen; – eine Voraussetzung, die ... die Rekrimination zur Folge hätte, dass die Stände, da sie von der Einzelnheit, dem Privatstandpunkt und den besonderen Interessen herkommen, für diese auf Kosten des allgemeinen Interesses ihre Wirksamkeit zu gebrauchen geneigt seien."* PhD, § 301.

nas mãos da administração são seus negócios e são conduzidos em seu interesse e com seu consentimento; eles se sabem reconhecidos pelo Estado e no Estado no que eles são concretamente, ou seja, segundo sua participação no trabalho da sociedade. O indivíduo não recebe ordem em que ele não tenha consentido; mas tudo o que se exige dele é o consentimento, não uma iniciativa.

"É preciso que de alguma maneira o indivíduo encontre no cumprimento de seu dever ao mesmo tempo seu próprio interesse, sua satisfação ou seu proveito, e de sua posição no Estado deve nascer para ele um direito pelo qual a coisa comum se torne sua coisa particular. O interesse particular não deve, certamente, ser negligenciado, nem, muito menos, suprimido, mas deve ser posto em acordo com o universal: é assim que ele é conservado tanto quanto o universal. O indivíduo, que é sujeito quanto a seus deveres, encontra no cumprimento desses deveres enquanto cidadão (*Bürger*) a proteção de sua pessoa e de sua propriedade, as considerações devidas a seu bem particular e a satisfação de seu ser substancial, a consciência e o sentimento de si (que é) ser membro desse todo; e (por outro lado) é no cumprimento desses deveres como prestações e negócios empreendidos (pelo cidadão) para o Estado que este encontra sua conservação e sua duração (*Bestehen*)."[17]

É a esta exigência que o parlamento deve dar satisfação. Por meio dele, o cidadão tem possibilidade de fazer ouvir

---

[17] "*Das Indivuduum muss in seiner Pflichterfüllung auf irgendeine Weise zugleich sein eigenes Interesse, seine Befriedigung oder Rechnung finden, und ihm aus seinem Verhältnis im Staat ein Recht erwachsen, wodurch die allgemeine Sache seine eigene besondere Sache wird. Das besondere Interesse soll wahrhaft nicht beiseite gesetzt oder gar unterdrückt, sondern mit dem Allgemeinen in Uebereinstimmung gesetzt werden, wodurch es selbst und das Allgemeine erhalten wird. Das Individuum, nach seinen Pflichten Untertan, findet als Bürger in ihrer Erfüllung den Schutz seiner Person und Eigentums, die Berücksichtigung seines besonderen Wohls und die Befriedigung seines substantiellen Wesens, das Bewusstsein und das Selbstgefühl, Mitglied dieses Ganzen zu sein und in dieser Vollbringung der Pflichten als Leistungen und Geschäfte für den Staat hat dieser seine Erhaltung und sein Bestehen.*" PhD, § 261.

suas queixas, de exprimir suas necessidades, de participar das decisões universais, ou seja, da legislação, de exercer um controle sobre a aplicação dessas decisões pela administração local, de se convencer que os negócios do Estado são os seus, e de que os seus são negócios de Estado na medida em que seu trabalho e seu interesse contribuem para o interesse comum. O parlamento une verdadeiramente o Estado-administração e a sociedade do trabalho.

Mas o Estado permanece o Estado, a sociedade permanece sociedade: o cidadão trabalha e organiza seu trabalho, o funcionário administra o conjunto da sociedade em sua unidade. Para que este possa administrar efetivamente, é preciso, de um lado, que aquele veja na administração o defensor de seus interesses, e, de outro, é preciso que a administração seja informada sobre a natureza desses interesses; o essencial é, pois, que a administração defenda o interesse comum de forma competente, com conhecimento de causa e de posse da formação profissional requerida para isso, a fim de que o cidadão possa trabalhar em paz. Se, portanto, a sociedade é a base, a matéria, absolutamente informe, do Estado, a razão consciente de si está totalmente do lado do Estado: fora dele, pode haver moral concreta, tradição, trabalho, direito abstrato, sentimento, virtude, mas não pode haver razão. Só o Estado pensa, só o Estado pode ser pensado totalmente.

Por isso nada é mais falso, aos olhos de Hegel, que a teoria segundo a qual o Estado é o defensor da sociedade. Não há Estado sem sociedade: para Hegel isso é uma verdade evidente; mas não é senão no Estado que a sociedade se organiza segundo a razão. A própria sociedade o reconhece: o Estado não pode exigir de seus cidadãos o sacrifício de sua propriedade e de sua vida no momento em que ele luta por sua própria existência, que é a existência concreta da liberdade racional dos cidadãos e da sociedade?

"Seria um cálculo bastante capenga se, em vista da exigência desse sacrifício, o Estado fosse considerado tão somente como sociedade civil, e seu fim último (fosse definido como) a proteção da vida e da propriedade; pois esta proteção não se dá senão mediante o sacrifício do que deve ser protegido, ao contrário."[18]

***

O Estado, e sempre o Estado – o Estado da administração, dos funcionários: a oposição violenta dos liberais não é de outro modo tão importante como a dos unitários prussianos e alemães? Os princípios hegelianos resistem à crítica liberal; as consequências o fazem igualmente?

Esta questão deve assumir aqui, em que se trata de filosofia, ou seja, de pensamento objetivo, um sentido preciso. Não se trata de saber se este Estado é "simpático" ou "antipático"; trata-se de saber se dos princípios admitidos as conclusões foram tiradas corretamente. Ora, parece difícil encontrar a falta lógica de que se teria necessidade para poder considerar a teoria hegeliana como nula, porque errada. E essas consequências não são agradáveis para o pensamento liberal.

Tomemos um só exemplo, o caso da opinião pública. Hegel não nega sua existência ou importância. Mas, a seus olhos, esta opinião *pública* é o lugar das opiniões *particulares* e irresponsáveis, tanto mais irresponsáveis e particulares quanto menos verdadeiras forem. Se a opinião pública é, de um lado, *vox Dei* no exprimir "as verdadeiras necessidades e as autênticas tendências da realidade",[19] é, de outro, o campo do erro; pois, para poder escolher com conhecimento de causa, seria preciso a opinião ter esse saber que não é seu apanágio, ainda que ela sempre fosse bem intencionada. Certamente, é fácil de acordo com Hegel tornar suspeita toda

---

[18] "*Es gibt eine sehr schiefe Berechnung, wenn bei der Forderung dieser Aufopferung der Staat nur als bürgerliche Gesellschaft, und als sein Endzweck nur die Sicherung des Lebens und Eigentums der Individuen betrachtet wird; denn diese Sicherheit wird nicht durch die Aufopferung dessen erreicht, was gesichert werden soll; – im Gegenteil.*" PhD, § 324.

[19] Cf. *PhD*, § 317.

legislação sobre a imprensa, é até impossível segundo ele que ela não seja suspeita; é verdade, ademais, que, precisamente por causa do caráter subjetivo dos crimes de opinião, não se chega a qualificá-los objetivamente e que toda condenação de um deles guardará, também ela, um caráter de apreciação subjetiva. É exato ainda que a propaganda se dirige à liberdade dos homens e que sem sua adesão seu discurso não se converteria em ação real. Pouco importa a Hegel: o interesse "dos indivíduos, da sociedade e do Estado"[20] tem o direito de ser defendido do arbítrio da expressão irresponsável, assim como tem o direito de ser defendido das doutrinas religiosas ou pretensamente científicas que o põem em perigo.[21]

Isso é chocante, e é grande a tentação de falar de Estado autocrático, de Estado policial. Mas não só nos podemos remeter às garantias constitucionais da liberdade no Estado hegeliano, ao império da lei, ao reconhecimento do valor absoluto do indivíduo, ao controle parlamentar; é mais simples e mais convincente olhar a realidade política dos Estados modernos ditos livres.

Constatar-se-á ao primeiro olhar que já não há Estado de alguma importância cujo centro não se encontre na administração: mesmo os Impérios Anglo-Saxões, por muito tempo recalcitrantes, terminaram por constituir corpos de funcionários destinados a defender o que Hegel chama de interesse comum, ou seja, o interesse não da sociedade, não de um grupo de indivíduos, nem sequer de todos os indivíduos, mas do Estado como entidade histórica e soberana. Já nenhum Estado é parlamentar no sentido do século XIX: mesmo ali onde a constituição conserva esta forma, a realidade

---

[20] Cf. *PhD*, § 319.

[21] Tal como a Igreja, a ciência não tem o direito de se constituir fora do Estado e de considerar este como simples meio para a consecução de seus próprios objetivos (*PhD*, p. 214); mas ela não se submete à censura, por não fazer parte dos fatores que agem por insinuação, etc., sobre a opinião e por ser em geral de natureza distinta da das opiniões (*loc. cit.*, p. 260). No entanto, sua função não protege os membros das faculdades quando, com um pseudoensinamento, eles minam os fundamentos do Estado (*loc. cit.*, prefácio, p. 11).

corresponde infinitamente mais à imagem hegeliana, com o papel dos sindicatos, das associações de industriais, de agricultores, de médicos, etc., com os conselhos econômicos, os organismos autônomos onde se encontram e se conciliam os *estados* da sociedade, com a representação dos interesses corporativos por delegados saídos da corporação e legitimados pela confiança da corporação: é com essas organizações e seus porta-vozes que o cidadão conta para ser "reconciliado com o Estado", muito mais que com os representantes eleitos a título individual. Por isso os parlamentos não fazem mais que exprimir a unidade ou o conflito dos interesses concretos e são completamente incapazes de dar provas de autoridade contra uma coalizão dos interesses principais: se preciso for, eles ficam demasiado contentes de se remeter aos governos, que tomaram o lugar do príncipe, e à administração, que conhece as situações, os problemas e os meios de agir. Entre os Estados "democráticos" e os Estados "ditatoriais" não há, nesse domínio, senão diferença de grau, sendo a diferença essencial constituída pelo papel da lei objetiva e racional, ou seja, pela possibilidade dada ou recusada aos cidadãos de participar do controle, da decisão, da elaboração do plano de trabalho, pela possibilidade de escolher sua vida. Mas em nenhum Estado moderno a relação entre o indivíduo e o Estado é imediata, como queria a teoria que remonta a Rousseau; ela é mediatizada socialmente.

Hegel, portanto, viu corretamente, e nesse sentido a história se encarregou de sua defesa. Mesmo no concernente à opinião pública, ele não fez senão descrever uma realidade que ainda é a nossa. Todo Estado protege por leis a honra pessoal dos cidadãos, os bons costumes, a forma da constituição, a pessoa do chefe de Estado, o crédito público. Se nos tornamos particularmente sensíveis a respeito da liberdade de imprensa, é porque pensamos num problema que nem sequer se apresentou para Hegel: o de uma imprensa que trabalha de acordo com instruções governamentais ou que está a serviço de interesses privados suficientemente poderosos para influenciar e distorcer a opinião pública.

Aí está uma possibilidade que Hegel não considerou: para ele, a opinião se encontra inteiramente do lado da sociedade – e de uma sociedade que não conhece ainda o monopólio: radicalmente separada do governo, ela mantém com ele uma só relação, a do controle mútuo.

Resumamos: a teoria hegeliana do Estado é correta porque analisa corretamente o Estado real de sua época e da nossa.

5. O Caráter do Estado Moderno

Já podemos concluir. Hegel não é o filósofo da Prússia, a menos que tenha direito a esse título por se ter oposto à onda do nacionalismo grão-alemão. Ele é o filósofo do Estado moderno, de que ele fez a análise correta, indicando com precisão em que consiste a liberdade no Estado, quais são as condições que o Estado deve preencher para ser o Estado da liberdade, Estado que realiza o pensamento moderno. Não nos restará senão desculpar-nos por não ter feito uma análise mais completa da *Filosofia do Direito* no plano político (pois no que concerne à análise ontológica e à investigação dos fundamentos últimos desta teoria, já nos desculpamos de uma vez por todas). Não seria preciso falar do terceiro *estado* social, o da coragem? Não teríamos tido interesse em insistir no fato de que, concedendo embora ao exército profissional um lugar importante no Estado moderno, reconhecendo embora no soldado a autonomia de um ser que é puramente *para si* em face da morte, atribuindo-lhe embora a mais alta decisão na presença imediata do espírito, Hegel vê nesta grandeza ao mesmo tempo o estado de tolice, uma existência tomada num mecanismo puramente exterior, a ausência de todo espírito próprio do indivíduo?[1] E não teríamos encontrado

---

[1] Cf. *PhD*, § 325 ss, particularmente § 328.

uma nova confirmação de nossa interpretação, a saber, que o pensamento hegeliano é muito pouco prussiano na acepção corrente da palavra *prussiano*?

Mas permanece um problema mais importante, talvez o mais inquietante de todos os problemas: se a análise hegeliana é correta, não cai ela, por isso mesmo, sob o golpe da crítica mais séria, a mais decisiva? Se Hegel descreveu, se quis descrever o Estado em si, a ideia de Estado, não decorre disso que para Hegel a história chegou a seu termo produzindo um Estado que satisfaz a razão, ou seja, a vontade livre, que pois já não há nada mais a fazer neste mundo, que o futuro não pode ser mais que continuação vazia e fastidiosa?

***

É verdade que o interesse recentemente dedicado à *Fenomenologia do Espírito* não foi inteiramente favorável à compreensão do pensamento hegeliano, conquanto este interesse tenha sido do mais alto valor por fazer voltar o olhar dos amantes da filosofia para este pensador verdadeiramente grande. Esquece-se demasiado facilmente que a *Fenomenologia* foi terminada no momento da batalha de Jena. A "alma do mundo" que em Jena Hegel vê passar debaixo de sua janela não é ainda o Napoleão de Tilsitt, o Napoleão da Espanha, o de Moscou – não é, sobretudo, o Napoleão de Santa Helena. Os fatos seguiram o curso que se sabe: seria inimaginável que o homem para o qual a leitura dos jornais era a prece matutina do honesto homem moderno não tivesse sido notado. Napoleão cai, o mais alto ponto da história não é atingido, o Império Mundial do Espírito que termina o desenvolvimento da *Fenomenologia* não se realizou. E Hegel teria muito simplesmente substituído Napoleão por Frederico Guilherme III, o Império pela Prússia? A reconciliação total do homem consigo mesmo na mediação consumada teria dado lugar à concepção do sistema dos estados nacionais, soberanos, independente sum do outro, em conflito uns com os outros, sempre a ponto de voltar à luta brutal, à violência que devia ser eliminada pela mediação?

E é isto, porém, o que se afirma correntemente: Hegel teria sido tão conformista em Berlim quanto foi *colaborador* em Jena e na Baviera. Será bom recordar tudo o que acabamos de expor, e acrescentar que este Estado é tão absoluto quanto se quis dizê-lo, que a moral do indivíduo tem valor absoluto no interior de seu domínio próprio, que a sociedade do trabalho possui seus direitos que o Estado não deve lesar, que este só faz realizar a nação histórica, que o indivíduo não é, pois, de modo algum sacrificado a um Moloch totalitário, que a religião, a arte, a ciência são para Hegel formas da existência do espírito superiores e não inferiores à do Estado,[2] que o Estado não pode transgredir seus limites sem perder sua justificação, que consiste precisamente em seu caráter racional: nada poderá manter aquela convicção após ser demonstrado que não se trata de puras salvaguardas e reservas, após ser demonstrado – para mais precisão – que o próprio Estado delineado pela *Filosofia do Direito* é para Hegel um fenômeno histórico, histórico não somente no sentido de que cada Estado vive na história, mas neste outro de que a forma mesma do Estado não é senão uma forma passageira, forma que, no momento, não é ultrapassada pelo espírito, mas que tampouco é insuperável e definitiva. É somente desta maneira que o problema da política hegeliana encontrará solução.

∗∗∗

A *Filosofia do Direito* termina com alguns parágrafos que contêm um esboço muito rápido da filosofia hegeliana da história. Não se encontra ali nada de particularmente interessante, e a exposição não contradiz em parte alguma as da *Enciclopédia* ou da *Introdução à Filosofia da História*[3] – nada de interessante, salvo o fato de esta exposição se encontrar neste lugar.

---

[2] Cf. o último parágrafo da *PhD*; mais explicitamente, a estrutura da *Enciclopédia*.

[3] Que nos chegou num manuscrito escrito por Hegel (cf. na ed. Lasson as observações do editor).

A passagem que conduz a isso é das mais naturais: é constituída com a ajuda dos conceitos de soberania externa do Estado e da guerra. O Estado, diz Hegel, não se limita à soberania interna, mas é todo ele soberania legislativa e executiva: ele é, essencialmente, individualidade entre outras individualidades, individualidade irredutível e completa. E, dado que entre indivíduos não pode haver senão relações imediatas por todo o tempo em que ainda não se tiver constituído nenhuma unidade superior, não há leis concretas que sejam aplicáveis aos Estados em suas relações entre si. No máximo, há entre os Estados modernos um laço moral, extremamente simples e tênue: eles se reconhecem mutuamente, e, como este reconhecimento é fundamental, até o conflito violento, sempre possível ali onde as relações entre os indivíduos são imediatas e naturais, não deve suprimir este reconhecimento essencial, não deve fazer esquecer que a relação normal entre indivíduos que se reconheceram mutuamente é a da paz; em outras palavras, a possibilidade da paz deve sempre ser salvaguardada.

"A guerra contém a norma do direito das gentes (que exige) que nela a possibilidade de paz seja salvaguardada, que, portanto, por exemplo, os embaixadores sejam respeitados e que, em geral, ela não seja travada contra as instituições internas e a pacífica vida familiar e privada, contra as pessoas privadas."[4]

Existe para os Estados outra obrigação moral: os tratados pelos quais os Estados soberanos se obrigam mutuamente devem ser observados.[5]

O que impressiona nessas duas regras é o aparecimento da palavra *dever*: o que liga os Estados entre si é a moral, um

---

[4] *"Er (sc. der Krieg) enthält damit die völkerrechtliche Bestimmung, dass in ihm die Möglichkeit des Friedens erhalten, somit z. B. die Gesandten respektiert, und überhaupt, dass er nicht gegen die inneren Institutionen und das friedliche Familien und Privatleben, nicht gegen die Privatpersonen geführt werde."* PhD, § 338.

[5] Cf. *PhD*, § 333. – É visível que Hegel retoma e reconhece as teses de Kant (cf. Kant, *Projeto de Paz Perpétua*).

dever. Ora, quem não vê que voltamos assim a essa moral abstrata anterior e inferior à moral concreta de uma tradição universalmente reconhecida, a com mais razão ainda inferior à organização racional que é o Estado pela soberania universal e consciente de suas leis? Assim como o indivíduo moral pode decidir-se tanto pelo bem como pelo mal, assim também o Estado, *podendo* agir de modo moral, *pode* agir de modo imoral; ele *deve* observar os tratados, mas que os observe *de fato*, isso depende unicamente de sua vontade empírica e particular.

"Dado que a relação entre os Estados tem por princípio a soberania dos Estados, estes se encontram por isso, uns com relação aos outros, no estado de natureza, e seus direitos só têm sua realidade eficiente (*Wirklichkeit*) numa vontade universal que seja constituída como (tendo a) poder sobre eles, mas em sua vontade particular."[6]

Não há, pois, uma moral para as Estados, e é perfeitamente legítimo falar de uma política externa imoral. Mas esta moral é apenas moral e não tem mais força que qualquer moral:

"Esta disposição universal (i.e., *pacta esse servanda*) não ultrapassa, portanto, o dever, e o estado de fato será alternativamente (formado seja por) relações conformes com as tratados e (seja) pela abolição dessas relações. Não há *praetor*, há no máximo árbitros e mediadores entre Estados, e mesmo estes se encontram somente por acaso, ou seja, segundo vontades particulares."[7]

Pois o Estado, como todo indivíduo natural, só defende seu bem particular, e a sabedoria do Estado não é a providência

---

[6] *"Weil aber deren (sc. der Staaten) Verhältnis ihre Souveränetät zum Prinzip hat, so sind sie insofern im Naturzustande gegeneinander, und ihre Rechte haben nicht in einem allgemeinen zur Macht über sie konstituierten, sondern in ihrem besonderen Willen ihre* Wirklichkeit.*"* PhD, § 333.

[7] *"Jene allgemeine Bestimmung bleibt daher beim* Sollen, *und der Zustand wird eine Abwechslung von dem den Traktaten gemässen Verhältnisse und von der Aufhebung desselben. Es gibt keinen Prätor, höchstens Schiedsrichter und Vermittler zwischen Staaten, und auch diese nur zufälligerweise, d. i. nach besonderen Willen."* PhD, ibid.

universal, mas sua sabedoria particular: o princípio de sua ação "não é um pensamento universal, filantrópico, mas o bem (do Estado) realmente lesado ou ameaçado em sua particularidade determinada".[8]

Então, dir-se-á, Hegel é de fato o defensor da violência, da força, de política sem fé nem lei, o inimigo de toda moral, se não em política interna, ao menos no que concerne à política internacional: é exatamente o que aproveita ao Estado individual, e o *bellum omnium contra omnes*, banido do interior do Estado, é a relação normal entre os Estados; o *homo homini lupus* foi afastado do Estado individual para ser afirmado com uma maior força da vida internacional. O próprio Hegel não o admite com todas as letras? Não diz ele que as relações internacionais são o lugar "do jogo extremamente movimentado das paixões, dos interesses, dos objetivos, dos dons naturais e das virtudes, da violência, do erro e dos vícios, como também do acaso exterior, ... um jogo em que o próprio *totum* moral, a independência do Estado, é exposto ao acaso".[9]

Mas é precisamente esta confissão espontânea que deveria dar o que pensar: se não, aos reproches tradicionais, seria preciso acrescentar o de cinismo ou, se quiser, o de tolice. E nada, em toda a obra, nos autoriza a ir até aí: não se defende, ao longo de toda uma vida, uma teoria contra as alegações do panteísmo e do ateísmo, não se perde a menor ocasião para

---

[8] *"Das substantielle Wohl des Staates ist sein Wohl als eines* besonderen *Staates in seinem bestimmten Interesse und Zustande und den ebenso eigentümlichen äusseren Umständen nebst dem besonderen Traktaten-Verhältnisse; die Regierung ist somit eine* besondere *Weisheit, nicht die allgemeine Vorsehung ... sowie der Zweck im Verhältnisse zu anderen Staaten und das Prinzip für die Gerechtigkeit der Kriege und Traktate nicht ein allgemeiner (philanthropischer) Gedanke, sondern das wirklich gekränkte oder bedrohte Wohl in* seiner bestimmten Besonderheit *ist."* PhD, § 337; cf. também § 336.

[9] *"In das Verhältnis der Staaten gegeneinander, weil sie darin als* besondere *sind, fällt das höchst bewegte Spiel der inneren Besonderheit der Leidenschaften, Interessen, Zwecke, der Talente und Tugenden, der Gewalt, des Unrechts und der Laster, wie der äusseren Zufälligkeit ... ein Spiel, worin das sittliche Ganze selbst, die Selbständigkeit des Staates, der Zufälligkeit ausgesetzt wird."* PhD, § 340.

repetir que o sistema é idêntico, quanto ao conteúdo, à mais pura doutrina cristã, para exclamar, de súbito, que a moral não é nada, e não é nada no domínio que engloba todos os outros, o da ação histórica. Quanto à simples inconsciência, a hipótese carece de verossimilhança. Que dizer então?

A *Enciclopédia* contém um texto sobre o Estado que nos ajudará:

"O Estado tem, enfim, esse lado de ser a realidade *imediata* de um povo *singular* e determinado *naturalmente*. Enquanto *indivíduo isolado*, ele é *exclusivo* com respeito a *outros indivíduos* da mesma espécie. Em sua relação, o *arbitrário* e o *acaso* têm lugar, porque o universal do direito só *deve* ser entre eles, mas não é *real*, por causa da totalidade *autônoma* dessas *pessoas*."[10]

Destacamos certo número de expressões nesta citação, termos que já se encontram nos textos citados um pouco mais acima, mas que em nenhum outro lugar se encontram tão bem reunidos. Pois a reunião desses termos tem no sistema hegeliano um significado preciso: *imediato, singular, natural, indivíduo isolado* entre indivíduos isolados, *arbitrário, acaso, falta de realidade, simples dever* – cada um desses conceitos designa um valor negativo, e sua presença comum não pode implicar senão uma conclusão, a saber, o Estado soberano, o Estado independente, não é mais *razoável* que o indivíduo que vive no direito formal e pensa nas noções da moral abstrata. O Estado é perfeito, mas os Estados considerados individualmente não o são. Em outras palavras, Hegel afirma que de fato não há lei entre os Estados, que a moral internacional não é realizada, que sua aplicação depende da boa ou má vontade dos Estados-indivíduos. Ele não diz que este estado de coisas

---

[10] *"Der Staat hat endlich die Seite, die unmittelbare Wirklichkeit eines einzelnen und* natürlich *bestimmten Volkes zu sein. Als einzelnes Individuum ist er* ausschliessend *gegen* andere *eben solche Individuen. In ihrem* Verhältnisse *zueinander hat die Willkür und Zufälligkeit statt, weil das* Allgemeine *des Rechts um der autonomischen Totalität dieser Personen willen zwischen ihnen nur sein* soll, *nicht* wirklich *ist." Enciclopédia*, 3ª ed., § 545.

seja um estado perfeito, nem toma a sua defesa; ele constata e compreende. Mas esta compreensão já contém o apelo – não, Hegel se proíbe de fazer apelos –, contém uma predição, um juízo sobre a tendência da história: a reconciliação e a mediação total vão realizar-se; senão a história seria absurda, a luta do homem com a natureza não teria êxito, a negatividade não conseguiria suportar por seu trabalho *o imediato*, o *natural*, a *determinação dada, o arbitrário*, o *acaso*, e não haveria *razão real* para o homem.

Não se deveria desprezar Hegel por ter vivido num mundo (que não mudou muito desde a sua época) no qual a reconciliação do homem consigo mesmo, para falar como Hegel, não está dada. Tampouco se lhe deveria reprovar o princípio que foi o seu, a saber, que a história tem um sentido e não é menos compreensível que a natureza: admita-se ou não se admita a possibilidade da filosofia e da ciência, mas se deveria ser suficientemente consequente consigo mesmo para não negar a possibilidade da ciência afirmando ao mesmo tempo que esta negação possui um valor científico, lógico, filosófico. Dever-se-ia, enfim, perdoar-lhe o ter acreditado que as boas intenções e as opiniões irresponsáveis não mudarão nada no curso do mundo, enquanto elas não se *realizem*, ou seja, não se transformem em ações; perdoar-lhe também se ele afirma que a ciência tem que ver com o que é, não com o que deveria ser – o que se fará facilmente, se se quiser não esquecer que a realidade mais alta é para Hegel a do Espírito em ação. Hegel justificou o Estado nacional e soberano assim como o físico justifica a tempestade: compreendendo o que há de razão no fenômeno; e, dado que nunca os físicos foram acusados de se opor à instalação dos para-raios, seria injusto imputar a Hegel uma doutrina do quietismo político. Ao contrário, Hegel pensa que o espírito não detem sua marcha, que a Berlim de 1820 não é o término da história, e que o que ele chama de ideia, a negatividade que quer realizar-se como liberdade positiva, como a presença da satisfação e do reconhecimento do valor infinito de todo homem, que esta ideia ainda não se produziu inteiramente à luz da consciência.

"Até este ponto chegou atualmente o espírito do mundo. ... A série das formas do espírito está assim terminada por ora. ... Eu desejaria que esta história da filosofia contivesse para vós uma exortação, a de tomar o espírito da época que está em nós de modo natural e tirá-lo de sua forma natural (*Natürlichkeit*), ou seja, de sua existência fechada e inanimada, para a luz e revelá-lo, cada um em seu lugar – com consciência."[11] O homem que encerra seu curso sobre a *História da Filosofia* com tais palavras não pode ter acreditado que não houvesse mais nada a fazer no mundo e que tudo estivesse concluído. Não, o espírito ainda não chegou à clareza em que ele estará completamente consciente de si mesmo, ele ainda não completou seu retorno a si mesmo na liberdade da existência real, os espíritos particulares dos povos continuam a lutar: o julgamento derradeiro ainda não foi pronunciado.

***

Por isso o resumo da filosofia da história, de que falamos, encerra a *Filosofia do Direito*. O espírito não se impõe à realidade por meios morais, de maneira *idealista*: ele a informa por sua ação no mundo, inconsciente, violenta, quase natural: se assim não fosse, a história estaria realmente terminada, a razão regularia todas as relações numa organização verdadeiramente universal e, por isso mesmo, realmente humana. Na história, o Espírito age como violência:

"Amiúde parece que ele (i.e., o espírito) se tenha esquecido, se tenha perdido; mas, no interior em oposição consigo mesmo, ele é progresso interior – assim como Hamlet diz do espírito de seu pai: "Bravo, velha toupeira" –, até que, tendo ganhado força em si mesmo, ele subleva, porque ela desaba, a crosta terrestre que o separa de seu sol, de seu conceito. Em

---

[11] Cf. *Vorlesungen über die Geschichte der Philosophie*, ed. Glockner, Stuttgart, 1928, vol. III, p. 685, 690 ss.

tais épocas, ele calçou suas botas de sete léguas; ela (i.e., a crosta), um edifício sem alma, carcomido, cai e se mostra na forma de uma nova juventude."[12]

Não é a discussão filosófica que introduz a nova forma do espírito, a nova organização da vida racional; tampouco o fazem o sermão e a pregação moral: o que o faz é a luta entre os "espíritos nacionais", entre os princípios de organização da liberdade tal como estão realmente presentes nos diferentes Estados, e é na história universal que o espírito julga as formas particulares em que ele se incorporou durante um momento de seu devir.

"O elemento da existência exterior (*Dasein*) do espírito universal... é, na história mundial, a realidade eficaz (*Wirklichkeit*) em toda a sua extensão de interioridade e de exterioridade." Mas esta história "não é a necessidade abstrata e sem razão de um *fatum* cego, mas... a explicação e a realização do espírito universal", e os Estados, os povos e os indivíduos, em sua constituição e em toda a extensão das condições reais de sua existência, defendem conscientemente seu interesse, para serem inconscientemente os instrumentos desse trabalho interior "no curso do qual essas formas se esvaem, mas no qual o espírito em si e para si prepara trabalhando sua passagem à sua próxima etapa superior".[13]

Um povo dado realiza de forma natural, ou seja, de forma inconsciente, a forma mais perfeita do momento, a que representa a ponta do progresso da liberdade. O que implica que esse povo pode e deve perder esta supremacia assim que outra nação surgir como portadora de uma nova ideia: o primeiro

---

[12] Cf. *ibid.*, p. 685.

[13] *"Das* Element *des Daseins des* allgemeinen Geites... ist in der Weltgeschichte *die ...* Wirklichkeit in ihrem ganzen Umfange von Innerlichkeit und Aeusserlichkeit." *PhD*, § 341. *"Die Weltgeschichte ist ferner nicht das blosse Gericht seiner* Macht, *d. i. die abstrakte und vernunftlose Notwendigkeit eines blinden Schicksals, sondern weil er an und für sich* Vernunft, *und ihr Fürsichsein im Geiste Wissen ist, ist sie die aus dem* Begriffe *nur seiner Freiheit notwendige Entwicklung der* Momente *der Vernunft und damit seines Selbstbewusstseins und seiner Freiheit." PhD*, § 342. *"... jenes inneren Geschäftes ... worin diese Gestalten vergehen, der* Geist an vorbereitet und erarbeitet." *PhD*, § 344.

tanto pode continuar sua existência como também pode perecer, e pode até aceitar o novo princípio, mas deixou de servir de corpo para o espírito. Foi assim que se sucederam os Impérios oriental, grego, romano, e é assim que no momento presente o Império Germano-Cristão detém a supremacia.[14]

Esta concepção da história é conhecida; ela é igualmente clara; mas não será, apesar de tudo, uma "construção", uma visão "idealista" no pior sentido da palavra? Certamente, o espírito não se realiza de forma consciente, o progresso não é obra do conhecimento e da boa vontade, e a compreensão da história se segue à realidade histórica, não a precede; o pensamento não ultrapassa o espírito realizado concretamente, historicamente. Não obstante, o motor da história que é o espírito não será puramente mítico, produto de uma teologia secularizada? Nós não compreendemos, é verdade, a história passada como sensata senão supondo desde o início um sentido, e nenhum *sentido* da história poderia ser menos mágico que a realização da liberdade positiva, da satisfação do homem na realidade de sua vida: podemos, devemos concedê-lo, se não quisermos optar pelo niilismo. Mas como, de que maneira concreta se expressa esta busca na história que se faz, que ainda não é compreendida nem compreensível, porque ainda não está feita? Da resposta hegeliana a esta questão dependerá a decisão quanto ao "idealismo histórico" de Hegel.

Ora, a resposta hegeliana é dupla. Comecemos pela primeira, a que ele deu primeiramente, aquela de que, por conseguinte, se fala mais e que introduz o conceito de *herói*. É ele que aparece na *Filosofia da História* com o nome de *grande homem*.[15] São os grandes homens que, perseguindo

---

[14] Cf. *PhD*, § 347, 351 ss.
[15] Cf. *Filosofia da História*, ed. Lasson, p. 56 ss. – O texto de que nos valemos aqui foi escrito por Hegel. Estamos pois seguros de nele encontrar seu pensamento; não deveríamos, porém, apoiar-nos nas fórmulas deste manuscrito que não foi preparado para publicação.

seu próprio interesse, sua satisfação pessoal, são ao mesmo tempo os "instrumentos e os meios de algo mais elevado, mais amplo, que eles ignoram, que eles realizam de modo inconsciente".[16] Sua ação não é fruto da reflexão fria sobre as necessidades do espírito; pois, "se chamamos de paixão um interesse pelo qual a individualidade inteira, com todas as veias de seu querer, negligenciando todos os outros interesses tão numerosos que se podem ter e que se têm igualmente, se lança em um só objeto, (um interesse) pelo qual ela concentra nesse objetivo todas as suas necessidades e todas as suas forças, então devemos dizer que em geral nada de grande se cumpriu no mundo sem paixão".[17] E esses homens de paixão são os instrumentos do espírito universal, porque o que eles tomam por seu interior particular (e o que também o é realmente, a ponto que o crime que eles cometem ao agir contra a moral estabelecida de sua época [Sitte] recai sobre eles e os destrói em sua individualidade concreta) é de tal modo a aspiração inconsciente de todos os homens em sua insatisfação, que os povos se reúnem em torno de seu estandarte (i.e., do grande homem); ele lhes mostra e executa o que é sua própria tendência (Trieb) imanente".[18]

A *Filosofia do Direito*, mais prudente em suas fórmulas destinadas à impressão, prefere o termo *herói*. A marcha da história não é posta em relação direta com ele, assim como, aparentemente, a marcha da história para o Estado não é discutida nesta obra: o herói é o fundador do Estado. Mas, enquanto tal, seus direitos e seu papel são idênticos aos do *grande homem*. A moral não o ata, nem a da reflexão, nem esta outra que é a forma concreta da vida: "Quando não existe mais que um estado de natureza, um estado da violência em geral, a ideia (de liberdade organizada) funda diante dele (i.e., o estado de natureza) um direito de herói."[19] "No Estado já não pode haver

---

[16] *Ibid.*, p. 65.
[17] *Ibid.*, p. 63.
[18] *Ibid.*, p. 68.
[19] *"Entweder ist ein sittliches Dasein in Familie oder Staat schon gesetzt, gegen welche jene Natürlichkeit eine Gewalttätigkeit ist, oder es ist nur ein Naturzustand, –*

herói: eles só existem num estado de coisas não formado (*ungebildet*). ... Os heróis que fundaram Estados ... não o fizeram, certamente, tendo em vigor um direito reconhecido, e essas ações aparecem ainda como sua vontade particular; mas, enquanto direito superior da ideia diante do estado natural, esta coação pelo herói é de direito; pois a bondade nada pode contra a violência da natureza."[20] É verdade que em uma etapa de pleno desenvolvimento da civilização, no Estado, não há mais que uma virtude do cidadão, a honestidade. A virtude, propriamente falando, a virtude antiga, já não tem lugar, porque ela só se mostra nas *colisões* – que não se dão (a não ser como exceção ou na imaginação) numa vida organizada; "no estado não formado da sociedade e da comunidade se mostra mais a forma da virtude enquanto tal, porque aqui a moral (*das Sittliche*) e sua realização são mais (o efeito do) bel prazer individual e (de) uma natureza particular e genial do indivíduo".[21]

Mas é somente na fundação dos Estados, antes do início da história propriamente dito, que aparece o herói?

"É o direito absoluto da ideia surgir nas normas de direito e nas instituições objetivas..., apareça a forma de sua realização como legislação divina e como favor divino, ou como violência e injustiça; – o direito é o direito dos heróis à fundação dos Estados."[22] À fundação dos Estados? Mas o

---

Zustand der Gewalt überhaupt vorhanden, so begründet die Idee gegen diesen ein Heroenrecht." PhD, § 93.

[20] *"Im Staat kann es keine Heroen mehr geben: diese kommen nur im ungebildeten Zustande vor. ... Die Heroen, die Staaten stifteten, ... haben dieses freilich nicht als anerkanntes Recht getan, und diese Handlungen erscheinen noch als ihr besonderer wille; aber als das höhere Recht der Idee gegen die Natürlichkeit ist dieser Zwang der Heroen ein rechtlicher; denn in Güte lässt sich gegen die Gewalt der Natur wenig ausrichten."* PhD, adendo ao § 93, ed. Lasson, p. 308 ss.

[21] *"Im ungebildeten Zustande der Gesellschaft und des Gemeinwesens kommt deswegen mehr die Form der Tugend als solcher vor, weil hier das Sittliche und dessen Verwirklichung mehr ein individuelles Belieben und eine eigentümliche geniale Natur des Individuums ist."* PhD, § 150.

[22] *"In gesetzlichen Bestimmungen und in objektiven Institutionen... hervorzutreten, ist das absolute Recht der Idee, es sei, dass die Form dieser ihrer Verwirklichung als göttliche Gesetzgebung und Wohltat, oder als Gewalt und Unrecht erscheine; – dies Recht ist das* **Heroenrecht** *zur Stiftung von Staaten."* PhD, § 350.

que é a fundação de um Estado? É outra coisa além da realização de um princípio novo de organização, da criação das "normas de direito e das instituições objetivas", outra coisa além desse "jogo das paixões, dos interesses, dos fins, dos dons naturais e das virtudes, da violência, do erro e do vício, bem como do acaso exterior" de que se tratava?[23] A marcha da história, essa luta dos princípios encarnados nos povos, como prosseguiria ela senão sob o estandarte dos *grandes homens*? E esses grandes homens não são, assim, os *heróis* da idade dos Estados formados?

A resposta de Hegel não deixa dúvida:

"À frente de todas as ações, partindo também das da história universal, encontram-se indivíduos, enquanto são as subjetividades que realizam o substancial. Como eles são essas formas e forças vivas (*Lebendigkeiten*) da ação substancial do espírito mundial e assim imediatamente idênticos a esta ação, esta lhes permanece oculta e não é (para eles) objeto e fim."[24]

O grande homem ainda é, pois, o herói dos tempos modernos; é ele quem realiza o novo princípio (perdendo nisso sua existência ou sua liberdade) pela paixão, pela violência – pela guerra.[25] O estado de natureza ainda não foi abolido, a

---

[23] Cf. o texto citado mais acima, p. 90 (n. 9).

[24] "*An der Spitze aller Handlungen, somit auch der welthistorischen, stehen* Individuen *als die das Substantielle verwirklichenden Subjektivitäten. Als diesen Lebendigkeiten der substantiellen Tat des Weltgeistes und so unmittelber identisch mit derselben, ist sie ihnen selbst verborgen und nicht Objekt und Zweck.*" PhD, § 348.

[25] É evidente que Hegel pensou sobretudo em Napoleão, cf. as menções em *Philosophie der Weltgeschichte*, p. 930 ss, e particularmente a Introdução, p. 78. Cf. em geral, sobre o papel e a tragédia dos grandes homens, *ibid.*, p. 74 ss; em outro texto, o termo *herói* é aplicado aos grandes homens das épocas históricas que "não encontram seus fins e sua vocação no sistema tranquilo e ordenado, no curso sagrado das coisas. Sua justificação não se situa no estado de coisas existentes, mas é de outra fonte que eles bebem. É o espírito oculto que se choca contra o presente, que ainda é subterrâneo, que ainda não se desenvolveu numa existência (*Dasein*) concreta e que quer sair". *Ibid.*, p. 75. – De resto, a guerra é, propriamente falando, o lugar do heroísmo. "O lado (*Moment*) moral da guerra, que não deve ser considerada um mal absoluto e um puro acaso exterior", encontra-se no sacrifício do finito, da vida e da propriedade. É nesse

história não chegou a seu termo, o herói e a ação conservam seu lugar no mundo.

***

Encontramo-nos, portanto, diante de uma história dos grandes homens, concepção comparável à de Carlyle (e de seus incontáveis sucessores)? Certamente não: o grande homem é grande porque realiza o que é *objetivamente*, segundo o conceito racional de liberdade, a etapa superior. Ele é gênio, ou seja, fenômeno incompreensível, somente para aquele que não vê nele o papel objetivo e que se atém à análise psicológica do homem, não segundo sua grandeza, mas segundo sua humanidade.[26]

Mas esta observação não é suficiente para fazer ver o mecanismo de sua ação, a razão ou a causa que faz que "os povos se reúnam em torno de seu estandarte": temos de olhar agora esta segunda resposta, à qual fizemos alusão mais acima; trataremos dos homens que seguem o grande homem e já não do grande homem que os guia porque ele realiza suas aspirações inconscientes e não expressas.

---

sacrifício que o perecível é *posto* e querido como perecível pela liberdade, pela negatividade. "A guerra", cita Hegel seu artigo sobre o "Direito Natural", "possui o significado elevado de nela a saúde moral conservar-se contra a fixação das determinações finitas, assim como o movimento dos ventos preserva o oceano do apodrecimento que uma tranquilidade permanente provocaria nele, assim como (a provocaria) nas nações uma paz duradoura ou perpétua." (*PhD*, § 324). O que lembra a tese da *Fenomenologia* segundo a qual só aquele que se enfrenta com a morte chega a realizar a negatividade da liberdade em si. Aqui, no estado histórico da humanidade, o indivíduo é a nação organizada em Estado. Mas isso não é mais que uma lembrança. Na sequência do mesmo parágrafo, Hegel diz que tudo isso "é *somente* (destacado por Hegel) uma ideia filosófica ou, como se tem o hábito de dizer diferentemente, uma justificação da Providência, e as guerras reais ainda têm necessidade de outra justificação". O emprego das palavras *ideia filosófica* em sentido pejorativo, precedidas de *somente*, é espantoso e indica que esta justificação filosófica (nós diríamos: *moral* ou *idealista*) não satisfaz a Hegel, sem que, no entanto, ele se decida a explicitar sua verdadeira tese, que está contida implicitamente nas seções ulteriores do livro. A interpretação ainda está por desenvolver-se.

[26] Cf. *PhD*, p. 106, o texto que Hegel cita de sua *Fenomenologia*: "Os servos psicológicos, para os quais não há heróis, não porque estes não fossem heróis, mas porque aqueles não passam de servos".

Para isso, devemos retroceder e considerar a *Filosofia do Direito* por um novo ângulo, o único que nos permitirá resolver definitivamente o problema que nos ocupa: o Estado moderno realizado, em princípio, pela Prússia é a forma perfeita de Estado, e, se não o é (os textos precedentes já mostraram que de fato não o é), por que Estado será substituído? Entramos numa época que não conhecerá senão lutas entre Estados modernos, todos de forma idêntica, ou a forma mesma deste Estado está em jogo?

O nervo da história é a realização da liberdade numa organização que dá satisfação a todos os homens. Ora, o que é o homem? Já se tratou dos grandes homens, dos heróis; tratou-se igualmente dos grupos que se constituem na sociedade, das funções que, em conjunto, formam o Estado; já se tratou do *Homem*, da negatividade e da liberdade que são a essência do *Homem*: ainda não se tratou do homem no sentido corrente do termo, desse homem que é o elemento último de todo grupo, para o qual e pelo qual a liberdade é realizada. Nós só vimos um traço, em verdade essencial aos olhos de Hegel: esse homem não está isolado nem é isolável; ele *é* o que ele *faz* na sociedade; e, dado que os homens não fazem todos a mesma coisa, eles tampouco são iguais.

Existe, sim, uma igualdade abstrata, a das pessoas privadas, a do direito:

"Faz parte da formação do espírito (*Bildung*), do pensamento enquanto consciência do indivíduo em forma de universal, que *eu* seja compreendido como pessoa universal, na qual todos são idênticos. O homem tem, assim, valor (*gilt*), porque ele é homem, não porque é judeu, católico, protestante, alemão, italiano, etc. Esta consciência para a qual o pensamento é algo de valor (*gilt*) é de uma importância infinita – insuficiente tão somente quando ela se paralisa para se opor, por exemplo como cosmopolitismo, à vida concreta do Estado."[27]

---

[27] *"Es gehört der* Bildung, *dem* Denken *als Bewusstsein des Einzelnen in Form der Allgemeinheit, dass Ich als* allgemeine *Person aufgefasst werde, worin* Alle *identisch sind. Der* Mensch gilt so, weil er Mensch ist, *nicht weil er Jude, Katholik,*

Igualdade, pois, mas igualdade que não negue as diferenças de estrutura, que se afirme e se faça concreta na diferenciação da organização. Pois o Estado é um círculo formado por círculos "e, nele, nenhum momento deve (*soll*) se mostrar como multidão desorganizada. O número, como (a soma) dos isolados, o que se compreende melhor com o termo povo, é, sim, um conjunto, mas somente enquanto multidão – uma massa informe cujo movimento e ação não seriam mais que elementares, sem razão, selvagens e terríveis. ... A representação que dissolve de novo numa multidão de indivíduos as comunidades existentes nesses círculos no momento em que elas entram na esfera política, ou seja, no ponto de vista da mais alta universalidade concreta, separa precisamente dessa forma a vida civil da vida política e funda esta, por assim dizer, no ar, porque sua base não seria um fundamento em e para si sólido e justificado, mas somente a individualidade abstrata do arbitrário e da opinião, e pois do acidental".[28] A consequência política, em sentido estrito, desta tese não nos interessa aqui – nós dissemos que, para Hegel, a democracia formal, a democracia da eleição direta não é o *summum* da sabedoria política –, mas sim o que ela implica para o homem na sociedade: a igualdade, direito incontestável, indubitável, porque fundamento do direito, não esgota o conceito político de homem.

Protestant, Deutscher, Italiener, u. s. f. ist. Dies Bewusstsein, dem der Gedanke *gilt, ist von unendlicher Wichligkeit, – nur dann mangelhaft, wenn es etwa als* Kosmopolitismus *sich dazu fixiert, dem konkreten Staatsleben gegenüberzustehen."* PhD, § 209.

[28] *"Der Staat aber ist wesentlich eine Organisation von solchen Gliedern, die* für sich Kreise *sind, und in ihm soll kein Moment als eine unorganische Menge zeigen. Die Vielen als Einzelne, was man gerne unter Volk versteht, sind wohl ein* Zusammen, *aber nur als die* Menge, *– eine formlose Masse, deren Bewegung und Tun eben damit nur elementarisch, vernunftlos, wild und fürchterlich, wäre. ... Die Vorstellung, welche die in jenen Kreisen schon vorhandenen Gemeinwesen, wo sie ins Politische, d. i. in den Standpunkt der höchsten konkreten Allgemeinheit eintreten, wieder in eine Menge von Individuen auflöst, halt eben damit das bürgerliche und das politische leben voneinander getrennt, und stellt dieses sozusagen, in die Luft, da seine Basis nur die abstrakte Einzelnheit der Willkür und Meinung, somit das Zufällige, nicht eine an und für sich feste und* berechtigte Grundlage *sein würde."* PhD, § 303.

Mas há uma definição geral que se aplica ao homem na sociedade – mais exatamente, na sociedade existe a possibilidade de definir o homem:

"No plano das necessidades, isso (i.e., o objeto da busca) é o concreto da representação que se chama homem; não é senão aqui e, para dizer a verdade, exclusivamente aqui que se trata do homem nesse sentido."[29]

O que se tem em vista quando se fala do homem, o que se "representa" se define no plano das necessidades e, para precisar, no plano dessas necessidades que não são necessidades puramente animais:

"O animal possui um círculo limitado de meios e de procedimentos para satisfazer suas necessidades igualmente limitadas. O homem mostra até nesta dependência sua transcendência (*Hinausgehen*) com relação a ela e sua universalidade, antes de tudo pela multiplicação das necessidades e dos meios, em seguida dividindo e distinguindo a necessidade concreta em duas partes e dois lados isolados que formam diferentes necessidades particularizadas e, por conseguinte, mais abstratas."[30] O homem desenvolve a necessidade histórica, a necessidade social, que se opõe à necessidade natural e a oculta: ele se encontra em face de uma necessidade que é a sua, diante de uma necessidade que ele criou para si mesmo. Ora, ele o ignora, e essa necessidade lhe parece exterior: acaso ainda, mas acaso interior, seu próprio arbítrio.[31]

---

[29] *"Auf dem Standpunkte der Bedürfnisse ist es das Konkretum der Vorstellung, das man Mensch nennt; es ist also erst hier und auch eigentlich nur hier vom Menschen in diesem Sinne die Rede." PhD*, § 190.

[30] *"Das Tier hat einen beschränkten Kreis von Mitteln und Weisen der Befriedigung seiner gleichfalls beschränkten Bedürfnisse. Der Mensch beweist auch in dieser Abhängigkeit zugleich sein Hinausgehen über dieselbe und seine Allgemeinheit, zunächst durch die Vervielfältigung der Bedürfnisse und Mittel, und dann durch Zerlegung und Unterscheidung des konkreten Bedürfnisses in einzelne Teile und Seiten, welche verschiedene partikularisierte, damit abstraktere Bedürfnisse werden." Ibid.*

[31] Eis o parágrafo que resumimos, muito brevemente, em nosso texto: *"Indem im gesellschaftlichen Bedürfnisse, als der Verknüpfung vom unmittelbaren oder natürlichen und vom geistigen Bedürfnisse der Vorstellung, das letztere sich als*

O homem é, pois, o ser que tem necessidades, mas necessidades que são sua obra social, assim como os meios de satisfazê-las são produto de seu trabalho. É verdade que esta definição não fornece o *conceito* de homem, mas tão somente a *representação*; mas a fraqueza teórica desta definição constitui para nós precisamente uma vantagem, porque procuramos saber como o homem age, o homem comum, o homem do dia a dia, não o grande homem ou o herói. Esse homem, o homem tal como aparece para si mesmo na representação que ele faz de si mesmo, deve ser reconciliado com ele próprio. *Deve* ser reconciliado: é-o? E o é segundo Hegel?

***

Numa das citações que fizemos mais acima, aparecia um termo ao qual, então, não demos atenção, o de *populacho*,[32] que designa a massa das pessoas que "pressupõem da parte do governo uma má ou menos boa vontade", que representam "o ponto de vista do negativo". É hora de nos perguntarmos quais são essas pessoas, o que é este populacho, de onde provém, qual é o seu papel. Pois um ponto deve estar claro: o Estado hegeliano é concebido de forma a proporcionar satisfação a *todos* os indivíduos racionais; se houvesse um grupo que estivesse *essencialmente* insatisfeito, isso seria de

---

das Allegemeine zum Ueberwiegenden macht, so liegt in diesem gesellschaftlichen Momente die Seite der Befreiung, *dass die strenge Naturnotwendigkeit des Bedürfnisses versteckt wird, und der Mensch sich zu* seiner, *und zwar einer allgemeinen* Meinung *und einer nur selbstgemachten Notwendigkeit statt nur zu äusserlicher, zu innerer Zufälligkeit, zur* Willkür, *verhält."* PhD, § 194.

[32] Cf. p. 66 desse texto e a nota IV/85. Para compreender o caráter próprio da concepção de *populacho* (*Pöbel*) tal como Hegel a desenvolve, é útil compará-la com a noção kantiana. "A parte (da nação), diz Kant, que se isenta das leis (a multidão selvagem nesse povo), chama-se *populacho* (*vulgus*), cuja reunião ilegal é a ação de formar facções (*agere per turbas*), o que a exclui da qualidade de cidadão do Estado". (*Anthropologie in pragmatischer Hinsicht*, nas *Obras*, ed. Cassirer, vol. VIII, p. 204 ss). Para Kant, o problema não é, pois, histórico nem político, mas puramente moral: trata-se da obrigação de obedecer às leis do Estado; ele não apresenta a questão da proveniência, do alcance ou das consequências da desobediência; basta poder emitir um julgamento. Em outras palavras, Kant se interessa pelo indivíduo, que não tem *direito* à revolta, não pelo Estado, que não deve contar com a possibilidade de revolta.

preocupar o Estado; o Estado hegeliano não admite partidos, grupos que estejam em luta por questões vitais.

"Faz parte dos preconceitos difundidos, mas extremamente perigosos, apresentar os Estados (*Stände*) principalmente como em oposição ao governo. ... Se ela (i.e., a oposição), na medida em que aparece, não concernisse somente à superfície, mas se tornasse oposição substancial, o Estado teria começado a perecer."[33]

Ora, tal oposição substancial faz aqui sua aparição: há homens no Estado que *negam* o Estado, que trabalham, pois, para sua destruição. Como explicar esse fato? Como o *homem*, o homem tal como ele se concebe na sociedade, o homem tal como ele se percebe na representação, esse homem de que acabamos de falar, pode rejeitar o Estado? Por que o faz? Por maldade? Por opinião irresponsável, por arbitrariedade? Ou, ao contrário, a própria sociedade produz homens que não fazem parte no Estado, que nem sequer fazem parte da sociedade, que não encontram aí sua satisfação razoável, o reconhecimento de seu valor infinito, e que não o encontram aí porque não o podem encontrar aí razoavelmente?

***

Essas questões, o próprio Hegel as apresenta, e não se terá nenhuma necessidade de interpretação, desde que se olhe de perto o que ele enuncia.

O homem na sociedade trabalha; é assim que, agindo em seu interesse particular, ele age para todo o mundo. A propriedade, no sentido em que ela era a expressão imediata da vontade pessoal, já não possui importância numa organização desenvolvida e dá lugar à *fortuna*, fundamento da família e de sua moral concreta, e na qual o desejo individual se transforma

---

[33] "... *weil es zu den häufigen, aber höchst gefährlichen Vorurteilen gehört, Stände hauptsächlich im Gesichtspunkte des Gegensatzes gegen die Regierung ... vorzustellen. ... Wenn er, insofern er seine Erscheinung hat, nicht bloss die Oberfläche beträfe, sondern wirklich ein substantieller Gegensatz würde, so wäre der Staat in seinem Untergange begriffen.*" PhD, § 302.

em preocupação com o bem comum: é na fortuna que a família "tem a existência de sua personalidade substancial".³⁴ Ora, assim como a família se dissolve na sociedade civil, a fortuna familiar, com o progresso da história, muda de função no momento em que uma organização mais pujante permite constituir e conservar uma *fortuna social;* assim como o indivíduo da sociedade evoluída trabalha no interesse de todos pensando perseguir unicamente seu interesse pessoal, assim também a fortuna particular termina agora por se revelar como participação na fortuna universal.

"A necessidade constituída pelo entrelaçamento total da dependência de todos constitui agora para cada um a fortuna universal e permanente que contém para ele a possibilidade de participar dela por sua formação e por sua habilidade, visando a ter assegurada sua subsistência – assim como o ganho mediatizado pelo trabalho do indivíduo mantém e aumenta a fortuna universal."³⁵

Mas esta participação na fortuna universal tem suas condições; ela própria é mediatizada, seja pelo capital, uma "base própria e imediata",³⁶ seja pela "habilidade", pelas capacidades, pela formação profissional diferentes segundo o natural do indivíduo, segundo as condições exteriores, diferentes também em consequência da diferença entre as fortunas familiares.³⁷

---

³⁴ *"Die Familie hat als Person ihre äusserliche Realität in einem* Eigentum, *in dem sie das Dasein ihrer sunstantiellen Persönlichkeit nur als in einem* Vermögen *hat."* PhD, § 169, cf. § 170.

³⁵ *"Diese Notwendigkeit, die in der allseitigen Verschlingung der Abhängigkeit aller liegt, ist nunmehr für jeden das* allgemeine, *bleibende* Vermögen, *das für ihn die Möglichkeit enthält, durch seine Bildung und Geschicklichkeit daran teilzunehmen, um für seine Subsistenz gesichert zu sein, – so wie dieser durch seine Arbeit vermittelte Erwerb das allgemeine Vermögen erhält und vermehrt."* PhD, § 199.

³⁶ O aparecimento do termo *imediato* na qualificação da fortuna como capital é importante: o capital privado não constitui para Hegel uma mediação perfeita com a sociedade; esta não se realiza senão pelo capital *social* e, em última análise, pelo trabalho social.

³⁷ *"Die Möglichkeit der* Teilnahme *an dem alllgemeinen Vermögen, das* besondere Vermögen, *ist aber bedingt, teils durch eine unmittelbare eigene Grundlage (Kapital), teils durch die Geschicklichkeit, welche ihrerseits wieder*

Reconheceu-se amiúde a Hegel o mérito de ter visto no trabalho a essência da vida do homem moderno na sociedade. Mas quase também amiúde se fez seguir este elogio da observação de que ele só teria visto o conceito abstrato de trabalho e teria ignorado suas formas concretas e históricas. Se esta crítica pode justificar-se (e ainda somente em certa medida) quando se refere à *Fenomenologia do Espírito*, é sem fundamento nenhum quando pretende visar a *Filosofia do Direito*: por tê-los notado brevemente, Hegel não menos indicou corretamente e completamente os traços característicos do trabalho social moderno.

Não se trata somente da distinção entre os *estados sociais*, agricultores, funcionários, homens de diversas profissões, divididos em artesãos, fabricantes e comerciantes: distinção clássica na época de Hegel e quase já ultrapassada. Não se trata somente de ele compreender o dinheiro como a mercadoria universal: isso é natural no leitor de Adam Smith, de J.-B. Say, de Ricardo. O que importa constatar é que Hegel vê e diz claramente o que a divisão moderna do trabalho significa para as condições de existência do indivíduo:

"O trabalho do indivíduo se simplifica pela divisão, e assim a capacidade (do indivíduo) em seu trabalho abstrato e a quantidade de sua produção aumentam. Ao mesmo tempo, esta abstração da capacidade e do meio torna mais completas a dependência e as relações mútuas (*Wechselbeziehung*) dos homens no que concerne à satisfação das outras necessidades até (fazer disso) uma necessidade absoluta. Ademais, a abstração da forma de produzir (*des Produzierens*) torna o trabalho cada vez mais mecânico e torna, enfim, possível ao homem afastar-se (do trabalho) e à máquina substituí-lo."[38]

---

selbst durch jenes, dann aber durch die zufälligen Umstände bedingt ist, deren Mannigfaltigkeit die Verschiedenheit *in der* Entwickelung *der schon für sich ungleichen natürlichen körperlichen und geistigen Anlagen. hervorbringt, – eine Verschiedenheit, die in dieser Sphäre der Besonderheit nach allen Richtungen und von allen Stufen sich hervortut und mit der übrigen Zufälligkeit und Willkür die Ungleichheit des Vermögens und der Geschicklichkeiten der Individuen zur notwendigen Folge hat." PhD*, § 200.

[38] "*Das Arbeiten des Einzelnen wird durch die Teilung einfacher und hierduch die Geschicklichkeit in seiner abstrakten Arbeit, sowie die Menge seiner Produktionen*

É a insistência no caráter cada vez mais *abstrato* do trabalho parcelar o que impressiona no texto: já não é o homem inteiro que se entrega a ele (isso seria o caráter concreto no sentido hegeliano), mas sim certas faculdades, certos conhecimentos, cada vez mais limitados, cada vez mais especializados, cada vez mais mecânicos: a máquina toma o lugar do homem, e o homem se encontra em face de um modo de vida que tem para ele os caracteres de uma "necessidade" e até de uma necessidade total: o contrário da liberdade.

E Hegel não se contenta com esta constatação, que, no entanto, é de alcance imenso para o filósofo da liberdade de todos e de cada um. Suas fórmulas são prudentes, e disfarçadas: isso porque ele queria evitar o escândalo? Porque o problema era para ele um problema teórico que não o tocava de perto, a ele, que vivia num país sem indústria e que podia, pois, observar com grande indiferença o que ocorria (ou, para ser de todo preciso, que somente começava a ocorrer) nos outros? Não importa. O que é certo é que ele não ignorou o que o novo modo de trabalho queria dizer *para o homem*. Por isso levou a análise mais longe.

Nós mencionamos anteriormente que, na visão hegeliana, a necessidade *humana* é uma primeira libertação da natureza, que o *desejo* e sua satisfação pelo trabalho dão ao homem o sentimento de sua liberdade, porque ele já não depende da necessidade natural, mas de sua própria arbitrariedade. A palavra *arbitrariedade* é feita para dar o alarme: nunca aparece (como tampouco as palavras *representação*, *acaso* e *opinião* que figuravam igualmente no parágrafo)[39] sem indicar que a liberdade e a razão ainda não estão presentes. Hegel não se

---

grösser. Zugleich vervollständigt diese Abstraktion der Geschicklichkeit und des Mittels die Abhängigkeit *und die* Wechselbeziehung *der Menschen für die Befriedigung der übrigen Bedürfnisse zur gänzlichen Notwendigkeit. Die Abstraktion des Produzierens macht das Arbeiten ferner immermehr* mechanisch *und damit am Ende fähig, dass der Mensch davon wegtreten und an seine Stelle die* Maschine *eintreten lassen kann."* PhD, § 198.

[39] Cf., anteriormente, p. 102, n. 9 ss.

remete à inteligência de seus leitores para que então se tirem as conclusões; ele mesmo as formula, num texto que só aqui adquire todo o seu valor:

"Esta libertação é formal. ... A direção tomada pelo estado da sociedade para a multiplicação e especificação indeterminadas das necessidades, meios e desfrutes... (ou seja, para) o luxo, é um aumento igualmente infinito da dependência e da penúria (*Not*) que têm relação com uma matéria que oferece uma resistência infinita, a saber, aos meios exteriores que têm de particular ser propriedade da livre vontade, (que têm relação) com algo absolutamente duro".[40]

O que equivale a dizer que, enquanto por um lado o desfrute, a massa dos meios de produção, a riqueza aumentam, por outro lado a dependência dos homens, de outros homens, cresce *pari passu*, cresce indefinidamente. E esta dependência se funda no fato de os meios de produção estarem nas mãos de outros indivíduos, de o acesso a esses meios de produção depender da livre vontade destes, de, em suma, a sociedade moderna produzir homens que, ainda que o quisessem, não participam da fortuna social pela única via legítima de participação – pelo trabalho livre.

E é igualmente aqui que se revela o sentido de outra passagem que já utilizamos. No Estado, dissera Hegel,[41] "nenhum momento *deve* mostrar-se como multidão desorganizada". O *deve* é, de fato, de sublinhar: pois não é perfeitamente inaceitável do ponto de vista hegeliano que um *dever* apareça no plano do Estado? Este não é precisamente a organização real da liberdade, a realidade da razão que ultrapassou a moral com suas regras que podem ser seguidas ou não? A simples palavra *deve* parece indicar que o Estado não é tão perfeito

---

[40] "*Diese Befreiung ist* formell. ... *Die Richtung des gesellschaftlichen Zustandes auf die unbestimmte Vervielfältigung und Spezifizierung der Bedürfnisse Mittel und Genüsse, ... der* Luxus *– ist eine ebenso unendliche Vermehrung der Abhängigkeit und Not, welche es mit einer den unendlichen Widerstand leistenden Materie, nämlich mit äusseren Mitteln von der besonderen Art, Eigentum des freien Willens zu sein, dem absolute Harten, zu tun hat.*" PhD, § 195.

[41] Cf, anteriormente, p. 101 e n. 28.

quanto *deveria* ser: que, se ele não está organizado totalmente, em outras palavras, se ainda há indivíduos que não passam de *multidão* e *massa* inorgânica, o Estado, nesta medida, não está realizado.

Estar-se-á tentado a dizer que é supervalorizar uma só palavra tirar dela uma conclusão decisiva quanto à atitude de Hegel com respeito ao Estado moderno. A objeção seria válida se não se encontrasse em Hegel uma teoria da sociedade elaborada em todas as suas partes e que confirma esta interpretação.

É antes de tudo direito e dever do Estado intervir na economia, na administração dessa fortuna universal.

"Os diferentes interesses dos produtores e dos consumidores podem entrar em conflito; se é verdade que em geral a justa proporção se produz automaticamente, o ajustamento exige também uma regulação que, superior a ambos, seja feita conscientemente."[42] Tal intervenção do Estado – pois é ele que se encontra acima dos interesses particulares dos consumidores e dos produtores e que age com consciência – é requerida por duas razões: primeira, as relações econômicas internacionais e a dependência de uma economia nacional com respeito à economia internacional constituem problemas de uma dificuldade e de uma complexidade tais, que o egoísmo dos particulares não é suficiente para compreendê-las nem para resolvê-las; mas sobretudo – vê-se o interesse hegeliano pela satisfação – o governo deve agir "para abreviar e para abrandar os movimentos espasmódicos e o lapso de tempo em que os conflitos devem ser regulados pela via da necessidade inconsciente":[43] o governo não pode confiar no mecanismo

---

[42] *"Die verschiedenen Interessen der Produzenten und Konsumenten können in Kollision miteinander kommen, und wenn sich zwar das richtige Verhältnis im ganzen von selbst herstellt, so bedarf die Ausgleichung auch einer über beiden stehenden mit Bewusstsein vorgenommenen Regulierung. ... um die gefährlichen Zuckungen und die Dauer des Zwischenraumes, in welchem sich die Kollisionen auf dem Wege bewusstloser Notwendigkeit ausgleichen sollen, abzukürzen und zu mildern." PhD*, § 236.

[43] *Ibid.*

econômico para resolver a crise econômica; a necessidade inconsciente (e o termo designa em Hegel a natureza: as leis da economia agem sobre o indivíduo à maneira das leis naturais) deve ser vencida pela razão em vista da (e pela) ação livre e consciente. A economia é subordinada ao Estado, e faz-se necessária uma política econômica.

Sistema autárquico, portanto? Intervenção máxima do Estado para defender os interesses dos cidadãos'? Poder-se-ia concedê-lo e não sem honra a Hegel: uma vez mais, sua análise das condições existentes estaria correta e teria descrito a prática dos Estados modernos, goste-se ou se deteste tais procedimentos. Mas não cremos que isso seja tudo. O que preocupa Hegel é antes de tudo o aparecimento dessa *multidão*, dessa *massa*, desse *populacho* que mantém relativamente ao Estado *o ponto de vista do negativo*, que constitui um *partido* no sentido próprio do termo, uma oposição não quanto a questões de detalhe de técnica administrativa, a problemas de pessoas, mas quanto ao fundamento do Estado mesmo. Ora, e é este o ponto decisivo, a sociedade produz necessariamente esse populacho.

"Circunstâncias devidas ao acaso, físicas, provenientes das relações externas, podem reduzir os indivíduos à pobreza, um estado que lhes deixa as necessidades da sociedade civil e que – após lhes ter tomado os meios naturais de aquisição, e suprimindo o laço da família em sentido largo enquanto tribo – as priva mais ou menos de todas as vantagens da sociedade, da possibilidade de adquirir habilidades e uma educação em geral, que, igualmente, os priva de justiça, do cuidado da saúde, amiúde até da consolação da religião, etc. Para os *pobres*, o poder universal assume o lugar da família, tanto com respeito à sua destituição imediata quanto no que concerne ao espírito de aversão ao trabalho, (ao espírito) de maldade e aos outros vícios que têm origem em tal situação e no sentimento do dano sofrido".[44] "A queda de uma grande massa a um nível

---

[44] *"Aber ebenso als die Willkür können zufällige, physische und in den äusseren Verhältnissen liegende Umstände Individuen zur* Armut *herunterbringen, einem*

abaixo de certa maneira de subsistir, que se regula automaticamente como a subsistência necessária a um membro da sociedade, e com isso a perda do senso do direito, da honestidade e da honra de subsistir por sua própria atividade e seu próprio trabalho levam à produção do *populacho*, produção que, por outro lado, implica uma facilidade maior de concentrar em poucas mãos riquezas desproporcionais."[45]

Para empregar expressões mais correntes, a sociedade do trabalho nos marcos da apropriação privada dos meios de produção criou o proletariado, cuja existência é necessária para a acumulação dessa riqueza produtiva:

"Se a sociedade civil age sem obstáculo, ela aumenta continuamente a população e a indústria internamente. ... A acumulação de riquezas aumenta de um lado, como do outro, a especificação e a limitação do trabalho particular e com isso a dependência e a penúria da classe que é ligada ao trabalho, o que implica a incapacidade de sentir as outras habilidades e em particular as vantagens espirituais da sociedade civil e de desfrutá-las."[46] Não é por maldade que o

---

Zustande, der ihnen die Bedürfnisse der bürgerlichen Gesellschaft lässt, und der – indem sie ihnen zugleich die natürlichen Erwerbsmittel entzogen und das weitere Band der Familie als eines Stammes aufhebt, – dagegen sie aller Vorteile der Gesellschaft, Erwerbsfähigkeit Von Geschicklichkeiten und Bildung überhaupt, auch der Rechtspflege, Gesundheitsorge selbst oft des Trostes der Religion u. s. f. mehr oder weniger verlustig macht. Die allgemeine Macht übernimmt die Stelle der Familie bei den Armen *ebensosehr in Rücksicht ihres unmittelbaren Mangels als der Gesinnung der Arbeitsscheu, Bösartigkeit und der weiteren Laster, die aus solcher Lage und dem Gefühl ihres Unrechts entspringen." PhD,* § 241.

[45] *"Das Herabsinken einer grossen Masse unter das Mass einer gewissen Subsistenzweise, die sich von selbst als die für ein Mitglied der Gesellschaft notwendige reguliert, – und damit zum Verluste des Gefühls des Rechts, der Rechtlichkeit und der Ehre, durch eigene Tätigkeit und Arbeit zu bestehen, – bringt die Erzeugung des* Pöbels *hervor, die hinwiederum zurgleich die grössere Leichtigkeit, unverhältnismässige Reichtümer in wenige Hände zu konzentrieren, mit sich führt." PhD,* § 244.

[46] *"Wenn die bürgerliche Gesellschaft sich in ungehinderter Wirksamkeit befindet, so ist sie innerhalb ihrer selbst in fortschreitender* Bevölkerung *und Industrie begriffen. ... (Es) vermehrt sich die* Anhäufung der Reichtümern *... auf der einen Seite, wie auf der anderen Seite die* Vereinzelung *und* Beschränktheit *der besonderen Arbeit und damit die* Abhängigkeit *und* Not *der an diese Arbeit gebundenen Klasse, womit die Unfähigkeit der Empfindung und des Genusses der weiteren Fähigkeiten und besonders der geistigen Vorteile der bürgerlichen Gesellschaft zusammenhängt." PhD,*

proletário não participa do Estado e da civilização, não é por preconceito que ele não tem pátria, que lhe falta o senso de honra, que ele não obedece às leis da moral: a sociedade é tal que produz necessariamente esse mal, e esse mal permanecerá enquanto o Estado não souber ou não puder impor uma organização racional em vista da realização da liberdade, do reconhecimento de todos por todos."

"Contra a natureza, ninguém pode afirmar um direito. Mas, no Estado social, toda falta logo assume a forma de um dano feito a esta ou àquela classe."[47]

É aqui que chegamos ao centro da concepção hegeliana de Estado: o dano cometido pela sociedade constituída em pseudonatureza (em necessidade inconsciente), que cria a *negatividade do populacho,* não pode ser endireitado pela sociedade, precisamente porque ela não quis o dano, porque, enquanto pseudonatureza, ela não *quer,* não pode *querer;* pois, o que dá no mesmo, ela é destituída de razão. Pseudonatureza, ela não pode senão continuar como começou; ela não pode não produzir o homem *alienado,* o homem sem moral, sem fé, sem formação, sem profissão, sem honra, sem família, o homem que cessa de ser homem livre e cidadão a partir do momento em que é obrigado a vender todo o seu tempo; pois "pela alienação (*Veraeusserung*) da totalidade de meu tempo, que é concreto no trabalho, e da totalidade de minha produção, eu faria do substancial deste (i.e., desse tempo concreto), de minha atividade e de minha realidade (eficaz: *Wirklichkeit*) universais, de minha pessoa a propriedade de outro". E, como se ele tivesse medo de não ser compreendido, Hegel recorda a

---

§ 245. É interessante notar o emprego do termo *classe* no sentido que se imporá pelo uso que Marx fará dele; cf. também a nota seguinte.

[47] *"Gegen die Natur kann kein Mensch ein Recht behaupten; aber im Zustande der Gesellschaft gewinnt der Mangel sogleich die Form eines Unrechts, was dieser oder jener Klasse angetan wird." PhD,* adendo ao § 244, ed. Lasson, p. 347. – Este adendo formula apenas de modo mais impressionante o que é dito no § 241 (cf. n. V/131) do texto publicado por Hegel: ali também o *dano* corresponde à *penúria.*

tese de sua *Lógica*: "A totalidade das expressões de uma força é a força mesma".[48]

A sociedade é a causa do surgimento do populacho. Ela não é responsável por isso, não o tendo querido – porque ela não pode querer; mas ela tampouco o sabe remediar, não oferece ela mesma em seu domínio o meio de remediá-lo. Pois ela não vai além da beneficência, da boa vontade, e não só a boa vontade não é suficiente para o Estado, que, enquanto organização racional, deve ser, na realização de seus objetivos,[49] independente dos sentimentos e das opiniões de seus cidadãos, mas essa boa vontade agrava ainda mais o mal que ela deseja combater:

"Se se impõe diretamente à classe rica a carga, ou se houvesse em outra propriedade pública (asilos ricos, fundações, conventos) os meios diretos de manter a massa que vai para a pobreza à altura de um nível de vida aceitável, a subsistência dos necessitados estaria assegurada sem ser mediatizada pelo trabalho, o que iria contra o princípio da sociedade civil e contra o senso de seus indivíduos de sua independência e de sua honra; ou então ela seria mediatizada pelo trabalho (pela oportunidade de trabalhar) e, então, a massa dos produtos aumentaria, essa massa cuja abundância, juntamente com a falta de consumidores correspondentes que também são produtores, constitui precisamente o mal que, das duas maneiras, não faz senão crescer. Evidencia-se aqui que, com seu excedente de riqueza, a sociedade burguesa não é bastante rica, ou seja, não possui o suficiente com sua fortuna particular para se opor ao excesso de pobreza e à produção do populacho."[50]

---

[48] *"Durch die Veräusserung meiner ganzen durch die Arbeit konkreten Zeit und der Totalität meiner Produktion würde ich das Substantielle derselben, meine allgemeine Tätigkeit und Wirklichkeit, meine Persönlichkeit zum Eigentum eines anderen machen. ... Die* Totalität *der Aeusserungen Kraft ist die Kraft selbst."* PhD, § 67. – O homem sob a *necessidade* do mecanismo não vende, portanto, seu trabalho, mas sua força de trabalho.

[49] Cf. a crítica ao papel desempenhado, na teoria de Montesquieu, pela convicção e pela atitude morais dos cidadãos nas diferentes constituições: *PhD*, ed. Lasson, p. 223 ss.

[50] *"Wird der reicheren Klasse die direkte Last aufgelegt, oder es wären in anderem öffentlichen Eigentum (reichen Hospitälern, Stiftungen, Klöstern) die direkten*

Não é necessário insistir na riqueza deste texto: começando pela recusa de uma beneficência que seria o contrário do que o homem tem o direito de exigir, a saber, o reconhecimento de seu valor de cidadão-produtor, ele termina com uma análise do fenômeno que se chamou posteriormente de crise de superprodução ou, mais corretamente, de crise de subconsumo.

***

Tampouco é necessário explicar o texto: seu conteúdo se tornou propriedade comum e, de Marx a Keynes, de Disraeli aos nossos dias, é esse mesmo problema, e visto da mesma forma, que ocupa os economistas e os políticos. A questão inevitável, a que pergunta o que é preciso fazer, não ocupou Hegel: ele não era economista, nem político; ele queria dizer o que é e o que era possível (ou impossível). Mas esta investigação produziu resultados que vão longe.

O que foi dito sobre a relação entre moral e Estado deveria bastar para afastar um mal-entendido possível (e bastante difundido) segundo o qual Hegel teria proposto os meios da moral e da religião para resolver o problema social. Mostremos, no entanto, que no que concerne a este ponto em particular sua doutrina não só é clara, mas é apresentada com um vigor raro até num autor que habitualmente não tem papas na língua:

"Seria uma farsa e uma zombaria (*Hohn*) se todo sentimento que se alça contra a tirania fosse rechaçado com a observação de que o oprimido encontra consolo na religião";[51] ou

---

Mittel vorhanden, die der Armut zugehende Masse auf dem Stande ihrer ordentlichen Lebensweise zu erhalten, so würde die Subsistenz der Bedürftigen gesichert, ohne durch die Arbeit vermittelt zu sein, was gegen das Prinzip der bürgerlichen. Gesellschaft und des Gefühls ihrer Individuen von ihrer Selbständigkeit und Ehre wäre; – oder sie würde durch Arbeit (durch Gelegenheit dazu) vermittelt, so würde die Menge der Produktionen vermehrt, in deren Ueberfluss und dem Mangel der verhältnismässigen selbst produktiven Konsumenten, gerade das Uebel bestehet, das auf beide Weisen sich nur vergrössert. Es kommt hierin zum Vorschein, dass bei dem Uebermasse des Reichtums *die bürgerliche Gesellschaft* nicht reich genug ist, d. h. an dem ihr eigentümlichen Vermögen nicht genug besitzt, dem Uebermasse der Armut und der Erzeugung des Pöbels zu steuern." *PhD,* § 245.

[51] *"Wie es für Hohn angesehen würde, wenn alle Empfindung gegen die Tyrannei*

melhor, se a religião domina o Estado, "decorre disso, no que concerne ao comportamento dos homens, que não há lei para o justo: seja piedoso e poderá fazer o que quiser, poderá entregar-se ao seu arbítrio e à sua paixão, e aos outros que sofram assim a injustiça poderá remeter à consolação e à esperança da religião ou, pior ainda, poderá rejeitá-los e condená-los como a infiéis."[52]

Para Hegel, não há senão a necessidade inconsciente do mecanismo econômico, por um lado, e a intervenção da liberdade racional, por outro. Intervenção tanto mais urgente quanto mais o efeito desse mecanismo se faz sentir em dada sociedade; pois, pelo fato de a sociedade ser a base do Estado, este não pode subsistir quando permite a ela corromper-se. Ora, ela se corrompe de fato:

"A desorganização da sociedade civil gira em torno de dois momentos: o caráter sagrado do casamento e a honra na corporação."[53]

Sem família, sem fortuna, sem a segurança dada pela fortuna, o homem não pode ser conciliado com a necessidade cega senão pelo Estado, que toma o lugar da família; sem o reconhecimento de seu valor social, sem um lugar para ele na comunidade do trabalho, o homem não tem nenhuma relação com nada e recai no estado de natureza, no estado de violência. Hegel o sabe tão bem que reconhece somente ao Estado racional a possibilidade de ser liberal. Somente ali onde o cidadão está satisfeito é que a propaganda dos partidos não surte efeito; pois todo o efeito da propaganda depende do terreno:

---

damit abgewiesen würde, dass der Unterdrückte seinen Trost in der Religion finde, ..." PhD, § 270, p. 208.

[52] *"Für das Betragen der Menschen ergibt sich die Folge: dem Gerechten ist kein Gesetz gegeben; seid fromm, so könnt ihr sonst treiben, was ihr wollt, – ihr könnt der eigenen Willkür und Leidenschaft euch überlassen und die anderen, die Unrecht dadurch erleiden, an den Trost und die Hoffnung der Religion verweisen, oder noch schlimmer, sie als irreligiös verwerfen und verdammen." PhD, p. 209 ss.*

[53] *"Heiligkeit der Ehe und die Ehre in der Korporation sind die zwei Momente, um welche sich die Desorganisation der bürgerlichen Gesellschaft dreht." PhD, § 255.*

"O verdadeiro efeito e o perigo (da propaganda) para os indivíduos, para a sociedade e para o Estado dependem do caráter desse solo (social), assim como uma fagulha lançada sobre uma massa de pó constitui um perigo de todo diferente do que se dá se ela cai na terra, em que ela fenece sem deixar rastro."[54]

A sociedade sente bem o perigo, mas não poderia alcançar a razão permanecendo sociedade. Ela só pode entregar-se ao mecanismo econômico, tentando, em sua incompreensão do papel da razão, pôr o Estado a seu serviço. Pois a dialética da crise, "essa dialética leva a sociedade burguesa para além de si mesma, e antes de tudo tal sociedade determinada, a buscar fora de si mesma consumidores e assim os meios de subsistência necessários, em outros que, com relação a ela mesma, são atrasados no que concerne aos meios que ela mesma possui em abundância ou no que concerne em geral ao espírito de indústria, etc."[55]

Antes de tudo, tal sociedade determinada: nenhum *em seguida* corresponde em Hegel a esse *antes de tudo*. Mas o que ele quer dizer não é menos claro: tal sociedade determinada, no caso a sociedade inglesa, passa à política de colonização; mas em seguida, com a industrialização de todas as nações, começará a luta pelo mercado mundial. A sociedade determinada, como se disse muito tempo depois, exporta o desemprego, se preciso for, ao preço de um conflito. Portanto, ou a expansão infinita, e com ela o conflito violento – ou a crise social no Estado, crise que termina com o desaparecimento do Estado e da nação enquanto autônoma e independente – ou o reino da razão, a satisfação de todos no e pelo Estado:

---

[54] *"Uebrigens ... hängt ... ihre eigentliche Wirkung und die Gefährlichkeit für die Individuen, die Gesellschaft und den Staat, auch von der Beschaffenheit dieses Bodens ab, wie ein Funke auf einen Pulverhaufen geworfen eine ganz andere Gefährlichkeit hat als auf feste Erde, wo er spurlos vergeht."* PhD, § 519 (p. 260).

[55] *"Durch diese ihre Dialektik wird die bürgerliche Gesellschaft über sich hinausgetrieben, zunächst diese bestimmte Gescellschaft, um ausser ihr in anderen Völkern, die ihr an den Mitteln, woran sie Ueberfluss hat, oder überhaupt an Kunstfleiss u. s. f. nachstehen, Konsumenten und damit die nötigen Subsistenzmittel zu suchen."* PhD, § 246.

"Os povos que não suportaram ou temeram a soberania interior foram subjugados por outros, e suas tentativas de independência lhes trouxeram tanto menos sucesso e honra quanto mais era impossível criar uma primeira organização do Estado – sua liberdade é morta pelo medo de morrer."[56]

Um ou outro, talvez um e outro; Hegel não se pronuncia. Mas disse o suficiente para nos permitir concluir. Pois nós conhecemos agora essa "toupeira", esse "espírito inconsciente", essa paixão que fazem a história não se deter; nós sabemos o que falta ao Estado para que ele seja verdadeiramente o que pretende ser: ele *deve* ser moral no jogo de forças internacionais; *deve* propiciar a todos satisfação no reconhecimento, na segurança, na honra; ele *deve*: portanto, não o faz. Não se realizou a reconciliação entre as nações, nem no interior dos Estados; tanto no interior como no exterior, o estado de natureza, o estado de violência dominam, e o Estado nacional e soberano é incapaz de resolver os problemas da humanidade, assim como não consegue resolver os problemas dos homens. O Estado, que *deve* ser mais forte que a sociedade, *é* mais fraco que ela, o *conceito* de *homem* não se impôs no lugar da *representação* do homem, e a liberdade não venceu a necessidade.

***

"A vontade dos muitos (*der vielen*) derruba o ministério, e os que até então formavam a oposição ocupam seu lugar; mas estes, pelo fato de formarem agora o governo, têm muitos contra eles. Essa colisão, esse nó, esse problema é o ponto em que se encontra a história, e é o que ela terá por resolver no tempo vindouro."[57]

---

[56] "*Dass Völker, die Souveränetät nach innen nicht ertragen wollend oder fürchtend, von andern unterjocht werden, und mit um so weniger Erfolg und Ehre sich für ihre Unabhängigkeit bemüht haben, je weniger es nach innen zu einer ersten Einrichtung der Staatsgewalt kommem konnte (– ihre Freiheit ist gestorben an der Furcht zu sterben –) ...*" PhD, § 324.

[57] *Philosophie der Weltgeschichte*, ed. Lasson, p. 933.

Uma nova forma se anuncia. O que será ela, isso não cabe à filosofia dizer. A constituição real do Estado moderno, essa constituição que todos os documentos legais pressupõem e, no melhor dos casos, não fazem senão formular, é doentia. A cura virá, ela virá pela realização consciente da liberdade razoável, talvez por obra de um herói, de um grande homem, certamente através de guerras, graças à obra das paixões.

Ela virá também pelo Estado, pelo Estado enfim realizado, não no Estado atual, mas através dele; pois, conquanto seja insuficiente, ele é e permanece a verdade da época. Não é a anarquia que tirará a humanidade de seu conflito e de seus conflitos: este Estado desaparecerá, mas desaparecerá como tudo o que teve um valor positivo, *real*, pela sublimação que salvará tudo o que nele é (e sempre terá sido) razoável.

Qual será o conteúdo desta forma desconhecida e imprevisível, isso é, então, conhecido e previsível: a reconciliação do homem consigo mesmo na universalidade concreta da organização razoável – razoável, ou seja, feita para salvaguardar a propriedade do indivíduo como expressão concreta de sua vontade (não: a fortuna, que já no Estado atual se socializa), a família como lugar do sentimento e da confiança humana, a moral como o santuário inviolável da consciência, a tradição nacional como o que dá à vida sua orientação e sua substância vivente. Não é ao Estado senhor do homem que pertence o futuro, mas ao homem que será homem, não apesar do Estado, mas no Estado, que não será organizado, mas se organizará, não em vista da força, mas em vista da liberdade e do valor infinito da individualidade.

A forma desse conteúdo ainda não está dada, ela ainda não pode sequer ser entrevista: no entanto, o Espírito trabalha em seu "subterrâneo", e o povo que o representa, de que por ora ele fez seu povo, sua propriedade, vai perder a supremacia.

"O espírito ultrapassa cada uma de suas propriedades como simples marchas particulares e entrega esse povo à sua sorte e julgamento."⁵⁸ O fim da história, que a *Fenomenologia do Espírito* acreditou atingido, o Império mundial do espírito, permanece por realizar; mas esse fim não mudou.

"Os Estados visam à independência, e reside nisso sua honra... Mas a independência também deve ser vista como um princípio puramente formal. ... Cada vez que um Estado foi englobado em outro, ele não perdeu senão a independência formal, mas (sem perder) sua religião, nem suas leis, nem o (conteúdo) concreto de sua vida. ... A direção dos Estados vai, pois, para sua unidade", uma unidade que não é dominação, uma hegemonia no sentido grego da palavra: "aqui, o hegemônico é o espírito".⁵⁹

---

⁵⁸ *"Das Selbstbewusstsein eines besonderen Volkes ist Träger der diesmaligen Entwicklungsstufe des allgemeinen Geistes in seinem Dasein und die objektive Wirklichkeit, in welche er seinen Willen legt. Gegen diesen absoluten Willen ist der Wille der anderen besonderen Volksgeister rechtlos: jenes Volk ist das weltbeherrschende; ebenso aber schreitet er über sein jedesmaliges Eigentum als über eine besondere Stufe hinaus und übergibt es dann seinem Zufall und Gericht." Enciclopédia*, 3ª. ed., § 550. – Hegel parece ter pensado que o povo chamado a assumir a sucessão dos povos germânicos seria o povo russo. Na *Filosofia da História*, após falar dos grupos latinos e germânicos, ele diz *(loc. cit.*, p. 907): "Afora essas duas grandes ordens da Europa, existe ainda um terceiro elemento, o elemento eslavo que se mantém numa solidão primitiva (*in anfänglicher Gediegenheit*). ... No entanto, no que concerne ao exterior da política, ele já entrou no sistema europeu e particularmente como esta potência maciça formada pelo sólido." Não desenvolvida, mas sólida e pujante, a Rússia ainda não mostrou sua medida, o que parece indicar que ela deve agora desenvolver "seu princípio". – Uma carta é mais explícita. Em 28 de novembro de 1821, na época, pois, da *PhD*, Hegel escreve a um amigo russo, de Yxkull (Rosenkranz, *loc. cit.*, p. 304): "Vós tendes a felicidade de possuir uma pátria que ocupa tão grande lugar no domínio da história mundial e que, sem dúvida, possui um destino ainda mais alto. Os outros Estados, ao que parece, já mais ou menos atingiram o fim de sua evolução; talvez alguns entre eles já tenham ultrapassado o ponto culminante desta e seu estado se tenha tornado estático; ao passo que a Rússia, talvez já a potência mais forte entre todas, porta em seu seio uma possibilidade enorme de sua natureza íntima (*eine ungeheure Möglichkeit seiner intensiven Natur*)".

⁵⁹ *Philosophie der Weltgeschichte*, p. 761. – Hegel fala neste lugar dos Estados germânicos, e é para eles que ele projeta o princípio de unificação com salvaguarda da liberdade dos indivíduos históricos. Mas um pouco adiante (*ibid.*, p. 763) ele afirma que "com a entrada do princípio cristão, a Terra se tornou para o homem. ... As relações exteriores já não constituem os fatores determinantes; as revoluções passam para o interior". Para o interior, ou seja, para o interior do mundo cristão, que é para Hegel o mundo *tout court* desde que, com o surgimento do princípio cristão da liberdade e do valor infinito do indivíduo,

E o surgimento da nova forma não só é necessário, mas está próximo.

"Não há nada de novo sob o sol. Mas tudo se dá de outro modo se se trata do sol do espírito. Deste a marcha, o movimento não são uma simples repetição de si mesmos, mas o exterior cambiante que o espírito criou em formações sempre diferentes; ela (i.e., esta marcha) é essencialmente progresso. ... Sublimando e suprimindo e conservando (*aufheben*) a realidade, a existência do que ele é, ele ganha ao mesmo tempo a essência, o pensamento, o universal do que ele era somente. ... Quando o espírito entra assim em si mesmo, o pensamento aparece como uma realidade particular e as ciências nascem. Assim, as ciências e a ruína, o desaparecimento de um povo estão sempre ligados um ao outro."[60] Ou, como diz a *Filosofia do Direito*: "O acabamento de um processo no qual o espírito se compreende é ao mesmo tempo sua exteriorização e o ato pelo qual ele passa adiante".[61]

A *prova* de que a hora está próxima, de que o nascimento da nova forma é iminente? Sim, ei-la: a velha forma é ultrapassada – porque ela é compreendida, porque ela podia ser compreendida, porque ela deu tudo o que podia dar.

---

o homem se tornou o senhor da Terra. O termo *revolução* é ambíguo; todavia, não parece que Hegel tenha pensando tanto na revolução em sentido estrito (de política interior) quanto na revolução do princípio deste mundo que se produziria, de acordo com o esquema hegeliano, com a guerra.

Pode-se observar que esta ideia do mundo tornado europeu já se encontra em Fichte (*Grundzüge des gegenwärtigen Zeitalters*, 1806), assim como se encontra nele o conceito de *Volksgeist* e o de sucessão desses espíritos. É altamente provável que a influência de Fichte sobre Hegel tenha sido muito grande, muito maior do que comumente se supõe, e precisamente nos pontos que se tem o costume de considerar como especificamente hegelianos: a Europa é para Fichte (*loc. cit.*) uma nação única da liberdade, a época é *cristão-germânica*. No artigo sobre Maquiavel (1807), ele ensina também que a moral (kantiana) não rege as relações entres Estados soberanos (pensamento que remonta ao próprio Kant): *salus et decus populi suprema lex esto*: lei e direito não têm ali nenhuma força. – Encontrar-se-á uma notável análise do pensamento político de Fichte, análise que revela uma quantidade de outros pontos de contato (e de oposição), em M. Boucher, *Le Sentiment National en Allemagne*, Paris, 1947.

[60] *Philosophie der Weltgeschichte*, p. 48.

[61] *"Die* Vollendung *eines Erfassens ist zugleich seine Entäusserung und sein Uebergang." PhD*, § 343.

O Estado hegeliano morre: a prova disso é que a filosofia hegeliana do Estado foi possível. Porque esta forma se concluiu, porque penetrou a realidade, ela deve ceder o lugar, e o Espírito, em seu trabalho inconsciente e subterrâneo, tende para uma nova *Wirklichkeit*.

***

Sim, Hegel "justificou" o Estado moderno, o Estado representado pela Prússia de sua época; sim, foi a Prússia que produziu a consciência desta etapa do devir do espírito, da realização da liberdade. Sim, a Prússia é justificada enquanto o Estado do pensamento – justificada e, por isso mesmo, condenada; o espírito se prepara para dar um novo passo. Hegel tão bem o sabia, que o disse no início de sua *Filosofia do Direito*, num texto que provavelmente é o mais citado de todos os textos hegelianos e que, no entanto, ao que parece, é obstinadamente não lido. Ei-lo:

"Para dizer ainda uma palavra sobre esta maneira de dar receitas (indicando) como o mundo deve ser, a filosofia, em todo caso, chega sempre tarde demais. Pensamento do mundo, ela só aparece na época em que a realidade (*Wirklichkeit*) terminou o processo de sua formação e se aperfeiçoou. ... Quando a filosofia pinta cinza sobre cinza, uma forma da vida envelheceu e não se deixa rejuvenescer com o cinza sobre cinza; ela só se deixa conhecer; a ave de Minerva só levanta voo ao anoitecer."[62]

Uma forma da vida envelheceu.

---

[62] "*Um noch über das* Belehren, *wie die Welt sein soll, ein Wort zu sagen, so kommt dazu ohnehin die Philosophie immer zu spät. Als der* Gedanke *der Welt erscheint sie erst in der Zeit, nachdem die Wirklichkeit ihren Bildungsprozess vollendet und sich fertig gemacht hat. Dies, was der Begriff lehrt, zeigt notwendig ebenso die Geschichte, dass erst in der Reife der Wirklichkeit das Ideale dem Realen gegenüber erscheint und jenes sich dieselbe Welt, in ihrer Substanz erfasst, in Gestalt eines intellektuellen Reiches erbaut. Wennn die Philosophie ihr Grau in Grau malt, dann ist eine Gestalt des Lebens alt geworden, und mit Grau in Grau lässt sie sich nicht verfüngen, sondern nur erkennen; die Eule der Minerva beginnt erst mit der einbrechenden Dämmerung ihren Flug.*" PhD, Prefácio, p. 17.

APÊNDICE

Marx e a Filosofia do Direito

Embora a literatura que trata das relações entre Marx e Hegel seja de enorme importância numérica, ela inclui, para nosso conhecimento e nas línguas que nos são acessíveis (ou seja, sobretudo com exclusão do russo), poucos trabalhos de detalhe e poucas pesquisas empreendidas sem opinião pré-concebida. Tal pesquisa se enfrenta desde o início com grandes dificuldades: vivendo numa atmosfera hegeliana, retomando sempre a leitura das obras hegelianas, considerando Hegel o último filósofo, Marx e Engels pressupõem em toda parte um conhecimento de Hegel que já não se encontrava quando eles estavam no auge de sua influência. As críticas que eles dirigem a Hegel, portanto, rapidamente se tornaram incompreensíveis, e, com poucas exceções (tais como Plekhanov ou Lenin), os marxistas se contentaram em repetir essas críticas sem se perguntar qual era o seu alcance, o que essas críticas deixavam de pé do sistema hegeliano, o que elas estabeleciam mesmo como princípio de toda crítica que pudesse pretender estar "à altura". O "incidente Liebknecht", de que falamos acima, fornece uma ilustração disso.

Não é o caso, neste momento, de esclarecer essas questões, tão importantes quanto embrulhadas. É porém necessário perguntar-se em que o pensamento de Marx difere do de Hegel: historicamente, é através de Marx que Hegel age e, na consciência de nossa época, Hegel é mais o precursor de Marx do que Marx é discípulo de Hegel: se o segundo filho não é compreensível senão por comparação com o primeiro, é o segundo que, direta ou indiretamente, funda todo o interesse vivo que se tem hoje em dia pelo primeiro.

Sabe-se, e repetiu-se à saciedade, que a diferença principal entre os dois é a existente entre o idealismo de um e o materialismo do outro. Esta oposição tem um sentido preciso quando se acrescenta nos dois casos o qualificativo *histórico*: pode-se e deve-se opor uma doutrina da história e da ação histórica que ensina a onipotência da ideia a uma teoria que vê nas condições exteriores da existência dos homens a causa de toda mudança e de todo progresso. No plano filosófico, ela perde, em contrapartida, qualquer significação precisa, tanto para a metafísica tradicional, que distingue do idealismo o realismo e do materialismo o espiritualismo,[1] quanto, e com mais forte razão, para uma filosofia dialética, na qual uma das abstrações tradicionais e pré-dialéticas se transforma na outra. No sentido da escola, Hegel e Marx não foram idealistas nem materialistas e foram tanto uma coisa como a outra.

É diferente quando se trata de ação política: neste ponto, os caminhos de Hegel e de Marx divergem. Hegel crê que a simples compreensão é suficiente para realizar o Estado da conciliação total, no sentido de que a ação refletida das autoridades do Estado existente, ou seja, da administração, fará todo o necessário para prevenir uma ruptura entre a realidade social e a forma do Estado, impondo uma forma do trabalho que dará a todo cidadão sua família, sua honra, sua consciência-de-si,

---

[1] *Aus der Kritik der Hegelschen Rechtsphilosophie* (abr.: *Cr.*), in *Marx-Engels Gesamtausgabe*, vol. I, 1, Frankfurt, 1927, por exemplo, p. 455: "As corporações são o materialismo da burocracia, e a burocracia é o espiritualismo das corporações", ou p. 507: "O espiritualismo abstrato é materialismo abstrato: o materialismo abstrato é o espiritualismo abstrato da matéria".

sua parte no Estado, impondo, em outras palavras, a mediação total. Marx está convencido de que só a ação revolucionária poderá realizar uma sociedade verdadeiramente humana num Estado verdadeiramente humano.

É porém evidente, pelo que acaba de ser dito da filosofia política de Hegel e dado o papel decisivo que desempenha, em Marx, a tomada de consciência, que esta oposição é esquemática ao extremo. Hegel ensina que são as condições reais que obrigam o Estado (a administração) a agir; Marx sabe e diz que a ação puramente violenta, sem um claro conhecimento do objetivo, sem uma *ciência*, é o contrário de uma ação progressista: simples consequência do fato de um e outro não aderirem a uma filosofia abstrata da reflexão, mas a uma filosofia dialética. Poder-se-ia acrescentar que, para os dois, a ação inconsciente ou, mais precisamente, o simples sentimento de insatisfação está na origem de todo grande acontecimento histórico, que a tomada de consciência só pode se efetuar com a ação começada, e será completa só com a ação terminada. Ambos, ademais, sabem – Marx o diz mais claramente que Hegel[2] – que a tomada de consciência completa de uma situação histórica indica que esta situação deve ser e será ultrapassada, assim como ambos veem a impossibilidade de traçar uma imagem precisa do Estado por realizar, porque só o sentido da oposição ao existente é determinada, mas não a forma nova que será resultado da ação. Isso não impede que o acento recaia, em um, no papel das massas (ou das classes – os dois termos se encontram em Hegel, e no sentido em que Marx os empregará), e, no outro, na ação governamental. Segue-se que um dos problemas candentes da época contemporânea não é visto por Hegel: a saber, a possibilidade dada à administração de ter causa comum com uma das classes sociais em conflito. O conflito mesmo, ele o viu; ele não lhe atribuiu a importância que devia adquirir muito rapidamente com a luta pelo Estado (não somente no Estado).

---

[2] Cf., mais acima, a teoria da realização da filosofia e de sua supressão, bem como a teoria da consciência de classe do proletariado no *Manifesto do Partido Comunista*.

A razão deste erro de avaliação é evidente (assim como as causas: experiência vivida de uma revolução que fracassou, diferenças objetivas na situação econômica das duas épocas – Marx tem treze anos no momento da morte de Hegel, três anos quando aparece a *Filosofia do Direito*, etc.): Hegel é teórico, *teorético*, não é nem quer ser político. O que lhe interessa é a história em seu sentido e em sua direção, ambos tomados em sua totalidade, não o problema técnico da realização do próximo passo do progresso. Pouco lhe importa que a libertação do homem se produza agora ou dentro de alguns séculos, que se produza aqui ou alhures, desta ou daquela maneira; basta-lhe saber o que é (segundo seu conteúdo – pois é impossível, tanto para ele como para Marx, antecipar-lhe a forma concreta) uma sociedade livre. Marx (e aqui tampouco insistiremos na mudança das condições: a Prússia de Frederico-Guilherme IV e a de Frederico-Guilherme III, a economia europeia de 1840 e a de1820, etc.) não crê na boa vontade da administração nem em sua inteligência: ali onde Hegel tinha visto um problema para a administração, Marx vê uma luta entre a administração em exercício e a classe oprimida (termo tanto hegeliano quanto marxista); onde Hegel se refere ao interesse bem compreendido do Estado, Marx não confia senão na revolta dos que já não têm família, nem moral, nem honra, nem pátria. Deve-se observar que Marx, tal como Hegel, não pensa na simples violência; ele também exige uma direção consciente, o que se chamará *a elite revolucionária*, os *quadros*, o *partido*, a *vanguarda* do proletariado; mas esta nova administração, destinada a conciliar o homem consigo mesmo numa nova organização – pouco importa que seja chamada de Estado ou de outra maneira, tanto que Marx nunca desenvolveu uma teoria do Estado –, se formará contra a administração oficial em lugar de sair dela por uma transformação insensível da constituição.[3]

---

[3] "Esse mesmo poder (i.e., legislativo) é uma parte da constituição, a qual está pressuposta com relação àquele e se encontra, assim, em e por si mesma, fora da determinação direta por ele, mas no desenvolvimento das leis e no caráter progressista dos negócios gerais do governo ela recebe seu desenvolvimento ulterior." – *"Diese Gewalt ist selbst ein Teil der Verfassung, welche ihr vorausgesetzt*

Acrescente-se que, para Hegel, o motor da história é a guerra: tal Estado desenvolve a nova forma de organização racional da liberdade e a impõe aos outros Estados pela luta, pela razão *filosófica* de cuja ideia ele é portador, pela razão *material* com que ele pode contar no patriotismo de seus cidadãos.[4] Para Marx, não é o problema da guerra o que vem em primeiro lugar (e não o será para o marxismo senão com a teoria do imperialismo esboçada por Lenin), mas a revolução no interior dos Estados, o que tornará a luta entre as nações supérflua.[5]

Pois, elaborando o conceito da luta de classes, Marx transforma em conceito *científico* fundamental o que, para Hegel, permanece um conceito *filosófico*, e até um conceito no limite da filosofia: a *paixão*. Para este, a paixão é exatamente a força que move a história, é, para empregar a linguagem da *Fenomenologia do Espírito* (linguagem que já não será empregada depois), a negatividade tal como aparece para o homem em sua história (= para si) e para o historiador-filósofo no homem histórico (= em si). Para aquele, esta paixão é determinada em cada ponto da história, e, portanto, também na situação histórica presente. Para Hegel, só a paixão que se realizou e assim se compreendeu determinando-se é cognoscível cientificamente, e, aos olhos do autor da *Filosofia do Direito*, a paixão de seu presente não é mais que um resíduo, um resto por assimilar pela consciência de si da realidade histórico-moral do Estado moderno (*real* na

---

ist und insofern an und für sich ausser deren direkten Bestimmung liegt, aber in der Fortbildung der Gesetze und in dem fortschreitenden Charakter der allgemeinen Regierungsangelegenheiten ihr weitere Entwickelung erhält." PhD, § 298.

[4] "O segredo do patriotismo dos cidadãos, visto desse lado (i.e., das corporações), é que eles conhecem o Estado como sua substância, porque ele mantém suas esferas particulares, seu direito e sua autoridade, bem como seu bem-estar." – *"Dies ist das Geheimnis des Patriotismus der Bürger nach dieser Seite, dass sie den Staat als ihre Substanz wissen, weil er ihre besonderen Sphären, deren Berechtigung und Autorität wie deren Wohlfahrt, erhält."* PhD, § 289. – Esse patriotismo, falta, portanto, ao populacho.

[5] "Com a oposição entre as classes no interior da nação, desaparece a atitude hostil das nações entre si." *Manifesto do Partido Comunista*, em *Obras*, ed. citada, vol. VI, p. 543. – Também para Hegel, é a insuficiência da riqueza social, e pois a crise (inevitável), o que leva à política expansionista.

administração). Para Marx, este Estado mesmo é Estado de alienação, e a paixão não só é necessária para realizar a liberdade, mas é determinada em sua tendência pela forma concreta da realidade em e contra a qual ela se desencadeia: as linhas de força, segundo as quais a paixão deve atacar, se ela quer seguir sendo paixão de liberdade concreta, podem ser conhecidas cientificamente. Por conseguinte, o sujeito e o objeto da ação de políticas se tornam sociais (conquanto se situem para Marx nos marcos do Estado hegeliano), fundando na filosofia política uma ciência social,

Poder-se-á pois dizer que todos os elementos do pensamento de Marx estão presentes em Hegel: eles se tornam conceitos científicos e fatores revolucionários a partir do momento em que Marx aplica o conceito de *negatividade*, tal como foi desenvolvido pela *Fenomenologia*, aos dados estruturais elaborados na *Filosofia do Direito*.

As duas teses, ou, mais exatamente, as duas atitudes derivadas da mesma tese e da mesma exigência, a da satisfação do homem no e pelo reconhecimento de todos e de cada um por todos e por cada um,[6] permanecem presentes até o dia de hoje, e não se poderia dizer que os acontecimentos tenham decidido entre elas, mesmo confirmando o que constitui sua base comum: a necessidade da libertação do homem – necessidade condicional, necessidade *se* hão de subsistir a civilização, a organização e a liberdade positiva. O problema da *alienação* do homem, o da fortuna (não: da propriedade, no sentido hegeliano), e pois do capital, são vistos tanto por Hegel como por Marx e são reconhecidos desde então como fundamentais para toda teoria e toda prática política conscientes. Que sua solução seja a tarefa do presente assim como constituía a das épocas de Hegel e de Marx, tal se tornou *communis opinio* há muito tempo; mas ainda não foram dados sequer os primeiros

---

[6] O grande mérito do livro de A. Kojève foi ter feito dos conceitos de *reconhecimento* e de *satisfação* o centro da interpretação do pensamento hegeliano.

passos de uma teoria da política que leve em conta as novas formas de Estado que se produziram nesse ínterim: os apologistas da evolução pacífica, os da revolução e da ditadura e os críticos dos dois procedimentos, todos se contentaram, em geral, com dar provas de muita paixão, de muita penetração também na defesa de suas opiniões pessoais contra as de seus adversários, mas não quiseram pesar as consequências inerentes a seus próprios princípios. Sabe-se bastante bem como provocar ou reprimir uma revolução, como instituir e sustentar uma ditadura revolucionária ou contrarrevolucionária: ninguém se perguntou quais são os pontos fortes e fracos dos sistemas ditatoriais e de livre discussão em relação ao fim por atingir, nem, menos ainda, qual é o papel da constituição e o da moral concreta de dada nação (os dois termos, sobretudo o primeiro, tomados no sentido de Hegel) no que concerne à possibilidade de empregar um ou outro procedimento. O acordo nos termos, a homenagem prestada por todo o mundo a palavras como *liberdade, democracia, autoridade, lei, igualdade*, etc., mostram tão somente a ausência de clareza na discussão: para remediá-lo, seria preciso começar pela questão da coexistência (consciente) da revolução, da evolução e da reação no mesmo mundo; e seria preciso prosseguir com a que busca o sentido concreto dos termos *formal* e *real*, que servem, um, de justificativa e, o outro, de insulto, ambos os quais, no entanto, designam ou realidades ou momentos igualmente abstratos de realidades.

***

As observações precedentes têm por único objetivo indicar a dificuldade de uma *comparação* entre Hegel e Marx; não visam, de modo algum, a uma elucidação do problema esboçado, e nem sequer a traçar a rota que seria preciso seguir para alcançá-lo. Elas eram necessárias para que pudéssemos falar muito brevemente da *Crítica da Filosofia do Direito* que o jovem Marx escreveu de março a agosto de 1843.[7]

---

[7] Cf. para a data do prefácio de D. Rjazanov ao vol. I/1 das *Obras*, p. LXXI ss.

Não nos propomos a analisar o texto em seus detalhes. Deveríamos, no caso, proceder a uma comparação entre esta crítica e a teoria hegeliana, e, dado o procedimento de Marx, teríamos de retomar a interpretação da *Filosofia do Direito* parágrafo por parágrafo. Teríamos então ocasião de assinalar certas objeções particularmente brilhantes e justas,[8] de outros que indicam erros na compreensão das palavras e das teses visadas.[9] Esse trabalho, devemos deixá-lo para os especialistas que tiverem escolhido seguir a evolução do pensamento de Marx. Em nosso contexto, somente as grandes linhas, os princípios desta crítica nos ocuparão.

Muito diferentemente da *Introdução à Crítica da Filosofia do Direito de Hegel*, surgida em Paris, em 1844, a *Crítica* em si não causou grande alvoroço: o manuscrito foi publicado pela primeira vez no primeiro volume da *Edição Crítica do Instituto Marx-Engels de Moscou*, em 1927, e não atraiu a atenção do público, nem do mesmo público restrito que se interessa por essas questões.[10] Compreende-se essa recepção; pois o texto é incompleto, pesado e de leitura difícil, porque passa a maior parte do tempo diretamente à crítica sem se preocupar com a interpretação, supondo da parte do público um conhecimento de Hegel que se podia provavelmente supor em 1843,

---

[8] Assim a crítica da dedução da monarquia hereditária e do esquecimento da importância da fortuna (capital) na análise das condições políticas (conquanto o próprio Marx não veja nesse momento a diferença entre propriedade e capital e permaneça assim, de fato, atrasado com relação à análise hegeliana da *sociedade*).

[9] A mais importante delas é não ter visto que para Hegel a constituição é de essência histórica e que o tipo que ele traça não é uma solução-chave nem um modelo eternamente válido.

[10] Cf., todavia, o artigo de J. Hyppolite "La Conception Hégélienne de l'État et Sa Critique par Karl Marx", em *Cahiers Internationaux de Sociologie*, vol. II, 2º ano, Paris, 1947, p. 142 ss. – Nós lamentamos não poder declarar-nos de acordo com o autor, principalmente por causa de uma diferença de princípio na interpretação de Hegel. – G. Gurvitch, *La Sociologie du Jeune Marx* (*ibid.*, vol. IV, 3ᵉ année, Paris, 1948, p. 3 ss), negligenciado as passagens em que Marx reconhece a validade da análise hegeliana e não se dando conta, em absoluto, do caráter fragmentário da *Crítica*, é levado a subestimar a influência de Hegel sobre Marx.

mas que já não existe hoje. Acrescente-se que o pensamento é, por assim dizer, pré-marxista, se se define o pensamento marxista pelos princípios enunciados no *Manifesto do Partido Comunista* e elaborados por Marx e Engels durante todo o restante de sua vida. Enfim, o manuscrito não é completo, não somente porque a primeira folha se perdeu, mas porque, em muitos lugares, Marx deixou páginas em branco que ele queria preencher depois, anotando aqui e ali o que era necessário precisar ou acrescentar.

Mas isso não é o essencial. Esta crítica não trata, e não devia tratar nunca,[11] senão do direito do Estado interior, da constituição: falta, portanto, o que para o leitor de hoje em dia teria a maior importância, uma tomada de posição em face da teoria da sociedade, por um lado, e da filosofia da história, por outro. Marx planeja, sim, voltar-se para a teoria da sociedade; mas certamente não o fez neste manuscrito: ele julgou então que uma crítica válida do pensamento hegeliano era possível no plano puramente político. E, nesse plano, sua crítica é negativa, conquanto amiúde justificada; não só ele não desenvolve nenhuma teoria positiva do Estado, mas não fornece sequer nenhuma indicação que permitisse chegar a uma conclusão acerca de suas opiniões subjacentes. Certamente, ele fala da preponderância da propriedade (*Eigentum*) neste Estado, da oposição entre o homem e o cidadão, desta falha mal camuflada que atravessa o Estado e que não permite a reconciliação do homem com o Estado; ele insiste na apropriação do Estado pela administração, no desprezo hegeliano pela democracia (que Marx compartilha na medida em que esta democracia é formal); ele critica, e muito justamente, a dedução hegeliana da monarquia hereditária; mas nada disso jamais atinge a profundidade das visões ulteriores que começam a se anunciar na *Introdução* (publicada) a esta *Crítica* (não publicada). Nenhum dos conceitos fundamentais, a alienação real do homem, a classe privada de toda participação

---

[11] Cf. *Cr.*, *loc. cit.*, p. 497: "Nós devemos desenvolver isso não aqui, mas na crítica da exposição hegeliana da sociedade civil", e *ibid.*, p. 499: "O restante deve ser desenvolvido na seção 'Sociedade civil'".

na comunidade histórica, e até o conceito de capital, nenhum desses conceitos aparece ali. A linguagem é a de Feuerbach, o termo *crítica* é característico do grupo em torno de Bauer, e figura ainda muito amiúde,[12] e a atitude fundamental é exatamente a que, um pouco depois, Marx criticará ao falar da "refutação" da religião por Feuerbach: "Feuerbach dissolve a essência religiosa na essência humana. Mas a essência humana não é um *abstractum* que habita o indivíduo singular. Em sua realidade, ela é o conjunto das relações sociais".[13] Basta substituir nessas proposições o nome de Feuerbach pelo de Marx e o termo *religioso* por *político* para caracterizar esta Crítica. A importância doutrinal do manuscrito é, pois, limitada; ele não importa, afinal de contas, senão ao biógrafo de Marx e ao historiador do hegelianismo.

Muito diferente é o peso da *Introdução à Crítica,* Aqui, não mais crítica de detalhe, mas o nítido reconhecimento de que Hegel é *o filósofo*, a consciência do Estado moderno. Não se trata mais de corrigir tal tese, de refutar tal dedução: ao contrário, "nós, os alemães, somos os contemporâneos filosóficos do presente, sem ser seus contemporâneos históricos. ... A filosofia alemã do direito e do Estado é a única história alemã que está ao par do presente moderno oficial".[14] "Em política, os alemães pensaram o que as outros povos fizeram. ... É na cabeça do filósofo que começa a revolução."[15] É verdade que esta homenagem a Hegel não aparece aqui pela primeira vez: o manuscrito da *Crítica* é repleto de expressões que reconhecem em Hegel aquele que exprime corretamente uma realidade falseada;[16] enquanto, porém, o manuscrito

---

[12] Cf., por exemplo, *Cr., loc. cit.*, p. 443, 446, 450, onde Marx reprova a Hegel a falta de crítica.

[13] *Obras*, ed. citada, vol. V, p. 535, *Teses sobre Feuerbach*, n° 6.

[14] *Zur Kritik der Hegelschen Rechtsphilosophie – Einleitung* (abr.: *Intr.*), *Obras*, ed. citada, vol I/1, p. 612.

[15] *Ibid.*, p. 614 ss.

[16] Cf. *Cr.*, por exemplo, p. 458: "o Estado prussiano ou moderno"; p. 487: "Hegel parte da separação entre a 'sociedade civil' e o 'Estado político'... Esta separação, é verdade, existe no Estado moderno"; p. 492, onde Hegel é criticado por ter querido contentar-se com a aparência de reconciliação, mas após

hesita amiúde, a *Introdução* chegou a uma posição nítida: "Vós não podeis *aufheben* (suprimir, sublimar e conservar) a filosofia sem realizá-la", tese completada por esta outra endereçada à crítica teórica – Bauer, Feuerbach: "Ela (i.e., a crítica) pensava poder realizar a filosofia sem a *aufheben*".[17] E imediatamente em seguida se tem a visão decisiva para todo o desenvolvimento do pensamento de Marx: "as revoluções têm necessidade de um elemento *passivo*, de uma base *material*";[18] a revolução não será realizada como obra de libertação total do homem senão mediante "a formação de uma classe que porte cadeias radicais, ... que, em suma, é a perda total do homem e não pode, pois, recuperar-se sem se recuperar o homem totalmente. Esta dissolução da sociedade como (= dissolução estabelecida em) estado particular (*Stand*) é o proletariado".[19]

Conhece-se o que se segue: o desenvolvimento de uma teoria *técnica* da revolução, o apelo à paixão, a organização da paixão, o abandono de qualquer teoria teorética, a elaboração das categorias econômicas a partir do homem histórico e em relação a ele, a fusão do político e do econômico, a introdução de um índice histórico em toda categoria moral, econômica, política: tudo isso porque a tese hegeliana é agora aceita em sua totalidade, porque a história recebeu um sentido preciso, o de libertar o homem na *realidade* e não somente no pensamento, porque esta libertação e a reconciliação total ainda não estão realizadas, porque as relações humanas dependem ainda da paixão, do arbítrio, do acaso, da violência, porque a mediação não se concluiu, porque a luta ainda continua, porque a vida ainda não é racional.

---

ter visto a contradição; p. 502: "o Estado moderno, de que Hegel é o intérprete"; p. 529: "Atacou-se amiúde a Hegel por causa do desenvolvimento da moral dado por ele. Ele não fez nada mais que desenvolver a moral do Estado moderno e do direito privado moderno"; p. 538: "a falha do desenvolvimento hegeliano e das condições modernas reais".

[17] *Intr., loc. cit.*, p. 613.
[18] *Ibid.*, p. 615 ss.
[19] *Ibid.*, p. 619 ss.

Não é este o lugar de nos perguntarmos onde, como, em que medida Marx, aceitando a filosofia hegeliana com todo o seu conteúdo, a ultrapassa, de nos perguntarmos, em particular, o que quer dizer a célebre expressão "repor a cabeça sobre os pés". Quanto ao essencial, trata-se de extrair de uma *filosofia* uma *ciência* e uma *técnica*, de optar pela realização disso que a filosofia enuncia como pura necessidade hipotética e de buscar os meios conceituais e políticos disponíveis e indispensáveis, de traduzir o idealismo da filosofia (e de toda ciência teorética) em materialismo histórico e político. Essa passagem da *filosofia* à *ciência* e à *técnica* é legítima? É-o segundo os princípios da filosofia que deve dar a esta ciência a validade e a legitimação indispensáveis? Ou, ao contrário, tal transposição introduz uma contradição não reconciliada e não reconciliável entre esses princípios e essas consequências? Se tal ciência técnica pode ser elaborada (ela não parece tê-lo sido, ao menos completamente), pode-se e deve-se tirar dela conclusões sobre a natureza do sistema subjacente? Ou, se se trata de compreender, não é preciso antes julgar as pretensões desta ciência segundo o ensinamento da filosofia de que ela mesma se reclama? A ciência pode querer tomar o lugar da filosofia? A filosofia pode, no plano da ação histórica, evitar ser traduzida em ciência ou servir de meio de racionalização à paixão?

Não temos de responder a essas questões. O certo é que os problemas a que responde Marx não se opõem às teses de Hegel, mas partem destas.

Os fundamentos da ciência da libertação do homem alienado se encontram plenamente em Hegel. É provável que, para citar uma palavra de Kant, nós não vejamos tão claramente as descobertas (hegelianas) senão porque nos foi dito (por Marx) o que era preciso buscar.[20] Mas isso não impede

---

[20] Kant, *Ueber eine Entdeckung*, etc. – *Obras*, ed. Cassirer, vol. VI (Berlim, 1923), p. I: *"Allein wie viele für neu gehaltene Entdeckungen sehen jetzt nicht geschickte Ausleger ganz klar in den Alten, nachdem ihnen gezeigt worden, wornach sie sehen sollen."*

que elas se encontrem em Hegel. E, se é permitido emitir uma hipótese, parece altamente provável que o próprio Marx as tenha encontrado nele: com efeito, se é essencial a diferença entre o ponto de vista da *Crítica* e o da *Introdução*, não seria, muito mais que o contato que ele tem em Paris com os meios operários, o estudo da teoria da sociedade na *Filosofia do Direito* o que seria responsável por isso? Não seria graças a esta influência que ele opôs sua teoria dialética ao comunismo francês da época, que ele considera uma "abstração dogmática"?[21] Em todo caso, é um fato que Marx anuncia na *Crítica* sua intenção de se voltar para a teoria hegeliana da sociedade, após ter elucidado a da constituição.

Seja ou não correta esta hipótese, ela não tira nada da "originalidade" de Marx (da qual se falou mais anteriormente) nem implica "responsabilidade" para Hegel: Hegel provavelmente não teria aprovado a *ciência* de Marx, que, no entanto, foi na história *uma* das traduções da *filosofia* de Hegel. Nós fazemos essas poucas observações porque cremos que elas podem servir para a compreensão dos dois autores, para esta compreensão objetiva que pode permitir uma tomada de posição que seja outra coisa além de expressão de uma fidelidade ou de um ódio, de uma preferência instintiva ou de uma aversão insuperável – que seja outra coisa além de uma questão de gosto e mais importante que ela.

---

[21] *Obras*, ed. citada, vol. I/1, p. 573.

Dados Internacionais de Catalogação na Publicação (CIP)
(Câmara Brasileira do Livro, SP, Brasil)

Weil, Eric, 1904-1977
   Hegel e o Estado : cinco conferências seguidas de Marx e a filosofia do direito / Eric Weil ; tradução Carlos Nougué. – São Paulo : É Realizações, 2011. – (Coleção Filosofia Atual)

   Título original: Hegel et l'État: Cinq Conferénces suives de Marx et la Philosophie du Droit
   Bibliografia
   ISBN 978-85-8033-027-4

   1. Hegel, Georg Wilhelm Friedrich, 1770-1831 - Crítica e interpretação 2. Hegel, Georg Wilhelm Friedrich, 1770-1831 - Ponto de vista político e social 3. O Estado I. Título. II. Série.

11-04014   CDD-320.01

Índices para catálogo sistemático:
1. Filosofia política   320.01

Este livro foi impresso pela Prol Editora Gráfica para É Realizações, em abril de 2011. Os tipos usados são Minion Condensed e Adobe Garamond Regular. O papel do miolo é pólen bold 90g, e o da capa, cordenons stardream ruby 250g.